« Alain est particulièrement doué : il a un grand cœur et beaucoup de sagesse. Cet équilibre lui permet de nous conduire dans un parcours apostolique à la fois biblique et animé du Saint-Esprit. Sa capacité d'examiner l'appel apostolique avec profondeur et d'en parler de façon simple et pratique fait de ce livre une lecture riche. Vous apprécierez ces pages remplies d'expérience mûre et d'une touche de l'Esprit de révélation.

Doug Schneider
Leader apostolique, The Embassy of God
Toronto, Canada

« L'église est dans une transition majeure, et une mentalité du royaume avec une vision progressive est grandement nécessaire. Alain Caron comble les lacunes pour nous dans cette saison de changements d'habits avec des perspectives tirées de son expérience personnelle. Caron élabore avec pertinence des stratégies pour de nouvelles outres en notre temps.

Dr. James W. Goll
Encounters Network
Auteur à succès

« Alain Caron a écrit un livre qui jette des ponts. Comme leader apostolique d'une assemblée locale de croyants, il est positionné de façon unique pour rédiger ce modèle qui inspire autant qu'il instruit dans le processus de la transition d'églises locales en centres apostoliques.

Mark W. Pfeifer
Soma Family of Ministries
Chillicothe, Ohio

J'aime ce livre! Il est plein de révélation, de sagesse pratique, et de vie. Alain Caron a ouvert la voie devant nous et, avec une véritable maturité et humilité apostoliques, a tracé un sentier que d'autres peuvent suivre. Je recommande vivement *Les centres apostoliques : changer l'église, transformer le monde* à tous ceux qui veulent établir des œuvres apostoliques ou qui ont tout simplement faim d'une plus grande présence du royaume de Dieu parmi nous.

Sara Maynard
Fondatrice/directrice Redleaf Prayer Ministries
Red Leaf House of Prayer
Ears2Hear Intercessory Network

Ce livre vous inspirera et stimulera votre foi et votre vision de façon positive et victorieuse. Dieu fait descendre des révélations et des applications pour accomplir ses desseins sur la terre. Si les structures actuelles des églises et des ministères avaient pu accomplir les desseins de Dieu pour son église, tout aurait déjà été fait à l'heure où nous sommes. Dieu fait surgir de nouvelles outres, les centres apostoliques qui vont former les saints sur les sept montagnes, en donnant vision et stratégie pour que le royaume de Dieu soit démontré. Jésus a travaillé depuis deux mille ans pour bâtir son église, pour démontrer son royaume, pour la transformation des nations jusqu'à ce que le décret prophétique de Dieu d'Apocalypse 11:15 soit accompli.

Dr. Bill Hamon
Évêque, Christian International Ministries Network
Christian International Apostolic Network (CIAN)
Auteur à succès

La restauration des centres apostoliques est à la fine pointe du travail du Saint-Esprit dans l'église aujourd'hui. Je la vois faire avancer la Nouvelle réforme apostolique au prochain niveau et préparer le terrain pour une transformation territoriale rapide. Dans *Les centres apostoliques*, Alain Caron explique non seulement ce qui constitue ce mouvement, mais présente aussi une étude de cas détaillée sur une église locale traditionnelle qui a fait la transition avec succès. Je recommande fortement ce livre à tous les leaders chrétiens!

Dr. Robert Heidler
Enseignant apostolique
The Global Spheres Center
Corinth, Texas

Selon le docteur Paul Kennedy de l'Université Yale, le monde connaît des changements monumentaux, tels qu'il ne s'en est pas vu depuis 500 ans, d'où le grand besoin d'une nouvelle outre pour l'église. Plus question de poursuivre nos activités comme si de rien n'était. Nous devons regarder vers l'avenir et préparer le peuple de Dieu à montrer la voie dans un monde en changement. Le livre d'Alain Caron arrive en temps opportun pour nous donner un modèle pour un temps comme celui-ci. Chaque pasteur devrait le lire et mettre sa sagesse en pratique pour être pertinent dans les temps extraordinaires où nous vivons.

Wesley and Stacey Campbell
www.newlife.bc.ca
www.beahero.org
www.revivalnow.com

Dans le livre de la Genèse, la première mention du Saint-Esprit nous dit qu'il se mouvait – et ceci nous donne une révélation plus profonde de la nature même de Dieu. Il était en mouvement au commencement, il a été en mouvement en vagues successives dans l'histoire passée de l'église, et il est en mouvement aujourd'hui! Ceci veut dire qu'il agira sûrement en nous comme croyants individuels de même que comme corps de Christ collectif pour nous stimuler dans ses divins desseins pour notre génération et au-delà.

Alain Caron dévoile la révélation du présent mouvement de Dieu à travers son expérience personnelle et le succès qu'il a vécu dans la transition de sa propre église locale traditionnelle en centre apostolique. Que la puissance de la parole *rhema* contenue dans ce livre agisse en vous et crée un désir passionné de voir la structure du gouvernement de Christ pour son église.

Fernando Guillen
Chancelier, Wagner Leadership Institute au Brésil

Il y a eu un grand changement dans l'administration de l'église au cours des douze dernières années, avec une accélération ces trois derniers ans. L'Esprit de Dieu nous fait passer d'une mentalité « d'église » à la progression du royaume. Jésus a dit aux disciples de Jean en Matthieu 11:11-12 : « Je vous le dis en vérité, parmi ceux qui sont nés de femmes, il n'en a point paru de plus grand que Jean-Baptiste. Cependant, le plus petit dans le royaume des cieux est plus grand que lui. Depuis le temps de Jean-Baptiste jusqu'à présent, le royaume des cieux est forcé, et ce sont les violents qui s'en s'emparent. »

Tous les royaumes répondent à une royauté. Tous les royaumes ont une culture. Tous les royaumes ont un langage. Mais quand on étudie le concept historique des royaumes, on voit qu'ils ont aussi des lieux clés où leur gouvernement, leur culture et leur pouvoir sont démontrés. Dans les temps modernes, ces lieux sont appelés centres apostoliques. À la fin de mai 2008, Dieu m'a montré que ces centres se formaient. La force motrice de chaque centre était la gloire de Dieu.

Alain Caron a écrit un livre magnifique intitulé *Les centres apostoliques : changer l'église, transformer le monde*. Il nous explique non seulement son propre parcours jusqu'à la gouvernance apostolique, mais il discute aussi du mandat apostolique donné à Jésus, notre apôtre. Ce mandat apostolique est supporté par des équipes et des réseaux, et possède une grande force d'envoi pour couvrir la terre avec la gloire qui sort du centre apostolique. Un des chapitres extraordinaires de ce livre est « Comment changer d'outre sans rien renverser ! » – dans lequel Alain évalue comment changer d'outre d'une église à un centre apostolique sans se déchirer dans le processus et répandre par terre la nouvelle révélation pour le futur.

J'ai eu le privilège de visiter Le Chemin, à Gatineau, au Québec, de l'autre côté de la rivière qui est en face d'Ottawa, au Canada. Ce qui est écrit dans ce livre est une réalité. *Les centres apostoliques* est un livre indispensable pour ceux qui sont engagés dans la transition d'une église à un centre apostolique dans leur ministère. Je recommande ce livre à tous les leaders qui désirent entendre ce que l'Esprit de Dieu dit à l'église en ce moment.

Chuck D. Pierce

Président, Global Spheres Inc.
Glory of Zion Intl.

LES CENTRES APOSTOLIQUES

CHANGER L'ÉGLISE, TRANSFORMER LE MONDE

ALAIN CARON

ARSENAL
PRESS

Publié par Arsenal Press
P.O. Box 26178
Colorado Springs, CO 80936
719-278-8422
www.arsenalbooks.com

ISBN: 978-0-9822653-5-2 (imprimé)
ISBN: 978-0-9822653-6-9 (numérique)

Toutes les citations de la Bible, sauf indication, proviennent de la traduction Louis Second, Nouvelle édition de Genève.

Couverture et conception graphique : Rob Huff, ImageStudios
www.imagestudios.net

14 15 16 17 18 19   7 6 5 4 3 2 1

DÉDICACE

Aux pasteurs Jean-Claude et Valerie Joyal, fondateurs de l'église
Le Chemin et vrais apôtres qui ont ouvert la voie.

À Duane et Connie MacMillan, qui ont cru en nous dès
le premier jour.

REMERCIEMENTS

Je veux remercier ma chère épouse, Marie, pour son soutien indéfectible et sa patience immense au cours des longues heures où je me suis isolé pour écrire ce livre. Je t'aimerai toujours, ma belle chérie.

Un très grand merci à Diana Gumienny pour toutes les révisions et corrections, les longues heures, les courtes nuits, et son engagement à l'excellence. Diana, tu es la meilleure.

Un merci particulier à Véronique Bouillon pour la révision finale. Heureusement que tu étais là.

Un merci spécial à Tim Knapp et Cory Gumienny pour leurs commentaires perspicaces. Vous m'avez fait écrire un meilleur livre.

Merci à mes familles Le Chemin et Hodos. Vos prières et votre amour sont importants pour moi.

Un merci chaleureux à C. Peter Wagner, qui est entré dans ma vie de façon inattendue mais juste au bon moment. Tu es un vrai papa.

Un merci chaleureux à mon ami Doug Schneider pour l'inspiration qu'il est pour moi. *Merci mon ami!*

Merci à *tante* Pasteur Sharon Rivest pour son exemple de persévérance. S'il y eut jamais une femme apôtre…

Merci à David Demian, qui a été mon mentor pour tellement de choses profondes du cœur de Dieu. David, je vais toujours chérir ces années passées avec toi.

TABLE DES MATIÈRES

PRÉFACE
de C. Peter Wagner

Les centres apostoliques est un livre pionnier pour une nouvelle saison du plan que Dieu continue de faire avancer.

Permettez-moi d'expliquer ce que je veux dire.

La plupart des leaders chrétiens – et plusieurs autres chrétiens aussi – comprennent que la personnalité de Dieu est dynamique, et non statique. Bien qu'une grande part de ce que Dieu nous a révélé soit permanent et inchangeable, les façons que Dieu choisit pour mener à bien ses desseins chez les hommes ne le sont pas. Considérez, par exemple, cet aperçu du caractère de Dieu que le prophète Daniel nous révèle : « Béni soit le nom de Dieu, d'éternité en éternité! A lui appartiennent la sagesse et la force. C'est lui qui change les temps et les circonstances... » (Da 2:20-21)

Au cours de mes soixante ans comme ministre ordonné, j'ai vu plusieurs des nouvelles saisons de Dieu arriver. En fait, pour certaines d'entre elles, Dieu m'a accordé le privilège d'être parmi les premiers à observer la nouvelle saison et à la communiquer aux leaders du corps de Christ. En faisant cela, j'ai vite réalisé que chaque nouvelle saison apporte avec elle ce que Jésus appelait du « vin nouveau » (voir Mt 9:17). Mais Jésus a aussi dit que Dieu ne verserait son vin nouveau que dans des outres neuves, et non dans les vieilles outres de la saison précédente. Dans son explication, Jésus s'adressait aux disciples de Jean le Baptiste, le dernier représentant d'importance de la saison de l'Ancienne Alliance. Jésus et ses disciples représentaient la nouvelle saison de la Nouvelle Alliance.

Jésus n'a pas méprisé la vieille outre; en fait, il l'a protégée. Il savait que si le vin nouveau y était versé. Elle se romprait, et il ne voulait pas cela. La vieille outre, à un moment donné, avait été la nouvelle outre de Dieu. Jésus a toujours honoré Jean le Baptiste. Cependant, Dieu est dynamique, et non statique. La Nouvelle Alliance représentait son plan pour l'avenir, et il ne verserait du vin nouveau que dans les outres de la Nouvelle Alliance.

Avec les années, je dois dire que la nouvelle saison qui a apporté le changement de la plus grande ampleur que j'ai pu être en mesure d'observer a trait au gouvernement de l'église. N'importe quel lecteur occasionnel du Nouveau Testament conclurait que la fondation gouvernementale de l'église se fait avec les apôtres et les prophètes (voir Ep 2:20). À cause d'une combinaison de circonstances historiques, le gouvernement biblique de l'église a largement disparu de la scène environ trois cents ans après l'époque de Jésus et des premiers apôtres, pour ne réapparaître que dans les temps relativement récents.

Certains voient peut-être cela de façon différente, mais ma lecture de l'histoire m'entraîne à supposer que la nouvelle saison a commencé autour des années 1900 avec le mouvement des églises africaines indépendantes. Elle s'est intensifiée avec l'émergence du mouvement des maisons-églises rurales chinoises, du mouvement des églises populaires de l'Amérique latine, et du mouvement charismatique indépendant en Amérique du Nord, tous dans les années 1970. Certains appellent cette saison la Nouvelle réforme apostolique (NRA). Elle ramène les apôtres dans le leadership de l'église, comme Alain Caron l'explique clairement dans son livre.

Si je me concentre pour l'instant sur mon territoire natal de l'Amérique du Nord, ma meilleure estimation serait que le second âge apostolique a débuté en 2001. C'est à ce moment que nous avons atteint une masse critique d'églises se tournant vers un gouvernement apostolique, d'où il n'y aura pas de retour en arrière. C'est une des choses actuelles que l'Esprit dit aux églises.

Tout ceci avait pour but d'établir le contexte. Maintenant, regardons ce livre, *Les centres apostoliques*. Depuis que nous sommes entrés dans le second âge apostolique, Dieu a commencé à faire paraître plusieurs nouvelles saisons additionnelles. L'une d'elles est le phénomène où certaines églises locales traditionnelles font la transition vers ce qu'on appelle « les centres apostoliques ». Je n'ai vu aucune recherche qui nous dirait combien d'églises en Amérique du Nord ont complété cette transition ou s'y sont engagées. J'imagine que cela pourrait se chiffrer dans les centaines et peut-être même dans les milliers. Cependant, je suis convaincu que, peu importe le nombre, cela ne peut qu'augmenter. C'est un mouvement du Saint-Esprit que les leaders des églises ne doivent pas ignorer.

Je connais personnellement un certain nombre de pasteurs qui ont décidé de faire la transition. La plupart d'entre eux planifient un processus lent et à long terme pour passer de là-bas à ici. L'innovation majeure est de passer d'un gouvernement pastoral à un gouvernement apostolique. Cela veut dire quitter la vieille outre du gouvernement démocratique de l'église, où l'autorité finale repose sur un conseil élu d'anciens ou de diacres ou, dans certains cas, sur le vote de toute la congrégation. Le pasteur remplit ses fonctions à la discrétion du groupe qui prend les décisions et est conséquemment un employé de l'église. La nouvelle outre confie l'autorité finale à l'apôtre. L'apôtre n'est désormais plus un employé mais l'équivalent d'un président-directeur général. Vous avez peut-être déjà entendu ce qui suit, mais je suis plus déterminé que jamais à répéter ces deux axiomes sur autant de plateformes que je le pourrai, jusqu'à avis contraire. Pourquoi? Je crois qu'ils sont au cœur d'une bonne compréhension de la NRA et du second âge apostolique :

- Nous sommes en ce moment témoins du changement le plus radical dans la pratique de l'église depuis la Réforme protestante.

- De tous les changements, le plus radical est la délégation d'autorité que le Saint-Esprit accorde à des individus.

Ceci, bien évidemment, entraîne un changement de paradigme que la majorité des églises n'accueillerait pas. C'est pourquoi, comme vous allez le voir, Alain Caron prend bien soin de toujours honorer les nombreuses églises locales qui vont continuer à exister comme églises locales dirigées par des pasteurs, bien qu'il suggère quelques ajustements en lien avec l'alignement apostolique.

Qu'est-ce qui donne à Alain Caron les titres de compétence pour écrire ce livre, possiblement le premier sur les centres apostoliques? Tout simplement parce qu'il l'a fait. Il a fait avec succès la transition d'une église locale traditionnelle bien établie, Le Chemin, à un centre apostolique authentique. Il a supervisé le changement d'une église gouvernée par un conseil d'ancien à qui le pasteur était redevable à une église gouvernée par un apôtre supporté par un conseil apostolique. Alain était le pasteur; il est maintenant l'apôtre.

Deux choses de plus rendent la transition de Caron encore plus remarquable :

- Elle a été complétée, du début à la fin, en seulement deux ans.
- L'église n'a perdu presqu'aucun membre dans le processus.

Si vous désirez savoir comment une telle chose a été rendue possible, vous aimerez ce livre. Vous y trouverez des fondements bibliques et théologiques solides supportant le processus étape par étape pour y arriver. Il s'agit réellement d'un livre pionnier pour une nouvelle saison!

C. Peter Wagner

Vice-président, Global Spheres, Inc.

INTRODUCTION

L'émergence des centres apostoliques est le changement le plus radical qui vient secouer aujourd'hui le monde chrétien dans son ensemble. Si la restauration des apôtres qui a marqué la première phase de la Nouvelle réforme apostolique a produit les vagues que l'on connaît, l'établissement de centres apostoliques est sur le point de devenir un véritable raz de marée. Ce livre parle de cette transition explosive.

En juin 2012, j'organisais une conférence à Gatineau, au Québec, avec C. Peter Wagner comme invité principal. Pendant que je l'écoutais, je me demandais quelles étaient les étapes clés pour pouvoir passer des nouvelles outres à la transformation sociale. J'avais rencontré Peter pour la première fois la veille et, durant la discussion, il m'avait encouragé à écrire un énoncé de vision qui reflèterait la métamorphose pratique que nous avions vécue comme église locale et le mandat que je recevais comme apôtre. Ça m'est venu soudainement, le matin suivant, tout formé dans un moment de révélation. Le voici :

Activer la transformation d'églises locales en centres apostoliques et les relier dans des réseaux apostoliques afin d'établir un alignement pour la transformation territoriale.

Dans ce livre, j'élabore sur les trois éléments de cet énoncé de vision apostolique. Je commence par mon propre parcours, puis je jette un coup d'œil sur le mandat apostolique de l'église, montrant que de Jésus à Paul, la même stratégie de base a prévalu – un apôtre entouré d'une équipe avec une mission. Les voyages de Paul ont vu des équipes apostoliques basées dans des centres apostoliques établir des communautés de croyants un peu partout, transformant le monde – un modèle original qui est réactivé aujourd'hui.

En redécouvrant le modèle des Actes des Apôtres, nous trouvons deux types de structures gouvernementales qui en émergent : *l'église pastorale et le centre apostolique.* Nous sommes habitués au premier : c'est notre église locale traditionnelle. Le second modèle est celui qui paraît aujourd'hui.

Les différences entre les deux sont importantes. Pour n'en mentionner que quelques-unes : tandis que dans l'église locale traditionnelle la plupart des activités sont menées en fonction de créer un environnement sûr pour nourrir la congrégation, dans un centre apostolique on met l'accent sur la responsabilisation des saints pour les envoyer dans la moisson. Le premier peut trop souvent glisser dans un mode d'entretien; le second carbure au développement et à l'expansion. Le premier peut parfois être tranquille et passer inaperçu dans la ville; le second secoue la ville.

Mais comment une église locale peut-elle devenir un centre apostolique? Est-ce pour toutes les églises locales? Combien de temps faut-il pour faire la transition?

UNE ÉTUDE DE CAS

Notre église s'appelle Le Chemin. Elle est située au Canada français et a fait avec succès la transition d'une église locale traditionnelle à un centre apostolique en deux ans.

Cette transition a demandé à la fois la reconfiguration de notre vue de l'église et une refonte de notre structure de gouvernement; nous sommes passés d'un conseil d'anciens à une équipe apostolique – une nouvelle structure pour un nouveau paradigme. Changer d'outre représente un défi intéressant, mais avec la bonne approche et le bon processus, on peut y arriver sans renverser une goutte. Je voulais écrire un livre qui donnerait non seulement la théorie mais qui serait aussi un guide pratique pour aider les autres dans cette transition. Ce ne sont pas toutes les églises locales qui seront appelées à devenir des centres apostoliques, mais je crois que chacune est appelée à se réaligner d'après la nouvelle configuration que le Saint-Esprit insuffle au corps de Christ.

Quand nous avons débuté notre période de transition de deux ans, nous étions une congrégation d'environ 150 personnes; le Seigneur savait que c'était une taille à laquelle plusieurs églises pourraient s'identifier en lisant notre histoire. Cela dit, j'ai suivi le conseil de Doris Wagner et j'ai écrit ce livre comme une étude de cas, présentant à la fois Le Chemin et la première église du livre des Actes des Apôtres.

Vous pourrez suivre les étapes que nous avons franchies pour connaître une transition harmonieuse, mais vous découvrirez aussi certaines des dynamiques clés qui agissent en notre faveur, comme la loi de l'attraction apostolique qui active la formation d'équipes. Vous verrez comment l'alignement a une force rédemptrice qui confère une autorité gouvernementale, et vous lirez nos propres récits d'alignement à la manière de ceux qui eurent lieu à Adullam et à Tsiklag.

Je donne aussi de nombreux exemples d'activation des saints pour une vie exponentielle, relatant des expériences de réussites que des gens ont connues, l'expansion de l'église, des partenariats avec les gens d'affaires, la croissance, une influence et une autorité grandissantes dans la société, tant au plan local qu'international.

La description de notre rencontre du dimanche, dans le chapitre intitulé « Célébration aux portes » offre un portrait convaincant et inspirant pour remplacer les vieux services auxquels plusieurs sont habitués.

PERSPECTIVES D'AVENIR

J'ai essayé et réessayé mais je ne suis jamais arrivé à changer ce point; chaque fois que je parle, que je prêche ou que j'écris, je me retrouve du côté visionnaire des choses. Plusieurs dimanches, je me suis préparé pour livrer un bon message pastoral pour finalement me surprendre à lancer une vision avant d'avoir fini de parler. Je ne peux rien y faire. C'est qui je suis. Ce livre n'y fait pas exception.

Dans les derniers chapitres, j'examine comment les réseaux apostoliques relieront les centres apostoliques et deviendront des grilles de pouvoir pour la gouvernance territoriale. Je crois que qu'ils représenteront la structure la plus apte à soutenir et à supporter l'activation des dynamiques du royaume pour la fin des temps. Nous parlons ici d'une transition de ce qui est ancien à ce qui est nouveau, de structures légales à des réseaux relationnels.

Finalement, j'entrevois la migration d'équipes apostoliques de la montagne de la religion aux autres montagnes d'influence dans la société, établissant un nouveau type de centres apostoliques. Ceci créera de nouvelles chaînes de montagnes pour un nouveau paysage spirituel – un puissant alignement géographique capable de produire une transformation territoriale.

Ce livre est pour ceux qui ont faim et soif d'une église pertinente pour le XXIe siècle. Elle sera constituée d'églises pastorales et de centres apostoliques alignés avec des apôtres et leurs équipes. Elle sera revêtue de puissance pour toucher et transformer le monde pour l'établissement du royaume.

Pour les pasteurs qui ont une capacité apostolique et pour les apôtres émergents, ce livre sera un guide pour les étapes de transformation des églises locales en centres apostoliques. Pour les leaders pastoraux, il sera un encouragement à s'aligner apostoliquement. Pour les congrégations, il restaurera un espoir et une excitation pour les jours où nous vivons. Finalement, pour les apôtres expérimentés, pour les leaders visionnaires, et pour les penseurs profonds, il offrira de nouvelles pistes à explorer.

L'émergence de centres apostoliques n'est pas un souhait. C'est déjà une réalité, et ce mouvement spirituel est sur le point d'être activé à une toute nouvelle vitesse d'expansion. Nous n'en sommes peut-être qu'à la phase pionnière, mais les avant-postes courageux que nous établissons deviennent les sièges du gouvernement du royaume de Dieu. La terre est sur le point d'être transformée.

—Alain

1ʳᵉ PARTIE

Transformer des églises locales en centres apostoliques

CHAPITRE 1

Mon parcours vers l'apostolique

« Papa, est-ce que tu te demandes parfois si Dieu existe vraiment? »

C'était une de ces chaudes soirées d'été au chalet, et nous étions assis sur la véranda, torse nu, contemplant le scintillement de la lune sur le lac. Mon père s'est penché vers l'avant et a tourné son visage vers le ciel. C'était un homme fort, plus grand que la vie, un catholique libre-penseur.

« Regarde le ciel, me dit-il. Tu vois toutes ces étoiles? Quand il m'arrive d'avoir des doutes sur l'existence de Dieu, voilà ce que je fais. Je regarde les étoiles, et je me dis qu'il n'est pas possible qu'elles soient arrivées là par hasard – il doit y avoir un Créateur qui les y a placées. »

Je n'étais qu'un jeune garçon, et j'adorais mon père. Le ciel n'avait jamais semblé si majestueux que cette nuit-là, et à partir de ce moment, je fus en paix avec mes questions existentielles – jusqu'à la fin de l'adolescence. Puis je perdis ma route.

UNE VIE À VIVRE

Une des choses que mon père avait produites chez ses fils était cet esprit aventurier doublé d'une volonté enthousiaste de prendre les commandes – une excellente combinaison lorsque nos intentions sont honorables, mais moins recommandable quand on y fait entrer la drogue.

J'ai aimé consommer de la drogue avec passion – toutes les sortes, tout le temps. La revente est rapidement devenue alléchante, et j'étais probablement le plus joyeux trafiquant de la ville. Ça ne m'a jamais empêché de m'impliquer dans une multitude de projets. J'étais comédien, puis écrivain, puis producteur pour la compagnie de théâtre du collège – ça c'était pour les soirs. Au milieu de la nuit, j'imprimais de la propagande communiste. Durant la journée, je participais aux rencontres en tant que vice-président du conseil étudiant. Dormir? Pas trop de temps pour ça – trop ennuyant! L'éducation? Eh bien, disons que j'ai fait deux ans en lettres françaises, puis je suis retourné pour un autre deux ans en sciences pures et appliquées. Je n'arrivais pas à décider à quelle extrémité du spectre je voulais loger. J'aimais tout, ce qui incluait toujours beaucoup de drogue; je vivais au pied des vagues mourantes de l'ère hippie.

En 1979, j'ai décidé d'explorer le monde avec ma petite amie, ma belle Marie, qui deviendrait ma femme l'année suivante. Après quatre mois de vagabondage à travers l'Europe, nous avons débarqué en Égypte, en janvier 1980. Je suis heureux qu'il y ait un Dieu qui veille sur les insensés. Nous voyagions la nuit dans les trains de dernière classe, dans des conditions sordides que même les Égyptiens nous disaient d'éviter; puis nous rencontrions des inconnus et partions avec eux, pour aboutir dans des lieux bien en dehors des sentiers touristiques habituels, juste pour le plaisir.

Puis un soir, quelque chose d'étrange se produisit. Nous avions rencontré un ami du Canada quelque temps auparavant, et nous faisions maintenant le voyage à trois. Un gars que nous avions croisé nous avait conduit dans un village reculé, et au crépuscule, nous voilà dans une hutte de terre à discuter religion avec un groupe de musulmans. Bientôt, il ne restait que la faible lueur de quelques lampes à l'huile faisant danser des ombres sur les visages qui nous entouraient. Nous ne connaissions pas les hommes avec qui nous étions, et celui qui nous avait amenés avait mystérieusement disparu.

Le cœur de la discussion tournait autour de l'existence de Dieu. Comme jeunes aventuriers canadiens, nous défendions le point que l'existence de Dieu ne pouvait être prouvée. Nous n'avions aucune objection à ce qu'ils croient qu'il y avait un Dieu, et nous étions tout à fait prêts à respecter leur droit à cette croyance, mais n'empêche qu'il restait que s'ils voulaient être honnêtes, ils devaient admettre que personne ne pouvait prouver que Dieu existe. Les arguments allaient bon train, et l'atmosphère dans la hutte devint de plus en plus tendue. Puis l'un d'eux prit la parole avec ce que j'appellerais une autorité sévère et prononça lentement ces mots : « Vous êtes étrangers ici, et avant que vous n'alliez plus loin dans cette conversation, je veux que vous sachiez que dans ce pays, si un homme dit qu'il ne croit pas en Dieu, cet homme peut être tué n'importe quand. » Et il ajouta : « En tant qu'ami, je voulais juste m'assurer que vous étiez conscients de cela. »

À ce moment, un grand et mince jeune homme qui était étudiant à l'université du Caire me prit par le bras et dit : « Viens dehors avec moi. » Je le suivis.

Si vous avez jamais été dans cette partie du monde, vous avez été conquis par la mystérieuse beauté du désert continuellement couronné des cieux les plus purs et infinis qui puissent exister. Le spectacle glorieux au-dessus de nos têtes cette nuit-là était indescriptible.

« Regarde le ciel, me dit-il. Regarde toutes ces magnifiques étoiles. Ne vois-tu pas qu'il y a un Dieu qui a fait tout cela? »

Quelque chose a explosé au plus profond de mon être. Des segments épars d'un vieux sentier oublié se sont soudainement réunis pour me ramener à mes racines, jusqu'à cette foi qui m'avait été communiquée par mon père. Mon compagnon m'entendit dire, la tête tournée vers le ciel : « Oui, je le vois maintenant. Il y a un Dieu. »

Cette rencontre déterminante me replaça sur la voie de la

quête spirituelle. Mais il me faudrait un autre sept ans avant de m'abandonner au Fils de ce Dieu.

L'ENFER DE LA COCAÏNE

De retour au Canada, Marie et moi nous sommes mariés, et j'ai commencé à travailler à l'hôpital comme aide-infirmier. Mais je continuais aussi mon commerce de drogue tout en expérimentant toutes sortes de voies spirituelles – sauf celle du christianisme. Marie me suivait dans ces découvertes, mais plus d'une fois elle me convainquit d'abandonner avant que j'aille trop loin. Vous auriez pu nous trouver en train de visiter une grande communauté hippie au Tennessee, ou à pratiquer le yoga kundalini dans un ashram à Ottawa, ou à équilibrer avec soin le yin et le yang dans une diète végétarienne japonaise stricte, ou en train d'étudier les enseignements des gurus indiens, des maîtres russes, ou des shamans sud-américains. La liste serait longue, et nullement nécessaire à ce stade-ci.

Tout en explorant ces sentiers spirituels, j'ajoutai avec le temps le commerce plus dévastateur de la cocaïne, ce qui allait entraîner nos vies dans une descente de plus en plus destructrice. Après deux ans d'accoutumance sévère à la cocaïne, je croulais sous un océan de dettes, j'avais peur de répondre au téléphone, et je gardais un tuyau de métal à côté de la porte de l'appartement pour me défendre au cas où un de mes créditeurs viendrait réclamer de l'argent. À cette époque, Marie était en train de glisser dans la dépression, et nous avons conclu ensemble qu'il valait mieux nous séparer. Je n'avais plus rien à offrir dans un mariage. Je passais pratiquement toutes mes nuits à consommer de la cocaïne, mangeant très peu, perdant du poids et ce qui me restait d'équilibre.

Mon frère cadet, qui était devenu chrétien et vivait à l'autre bout du pays, me téléphonait de temps à autre pour m'encourager à donner ma vie à Jésus. À un certain moment de mes pérégrinations, j'avais lu les quatre Évangiles, et j'avais réalisé que Jésus était bel et bien le Fils de Dieu, mais je pensais qu'il était trop tard pour moi.

Certaines nuits j'étais visité par des démons qui m'apparaissaient pour se moquer de moi, disant que je ne serais jamais sauvé, que Jésus ne pouvait rien faire pour moi. Et je les croyais. J'avais vingt-sept ans et ma vie était un échec complet.

EN SANGLOTS DANS SES BRAS

Le premier dimanche de 1987, ma porte s'ouvrit sans crier gare et mon frère entra dans l'appartement. Il venait tout juste d'arriver de la côte Ouest. Sans même prendre le temps de me saluer, il me dit : « Mets ton manteau. Je t'emmène à l'église. » En chemin, nous avons fait un arrêt pour prendre un de nos amis, Jocelyn, qui comme moi était aussi revendeur de cocaïne.

L'église était dans un petit local du centre-ville. Mon frère l'avait trouvé dans le bottin téléphonique (c'était avant Google). Il y avait peut-être une trentaine de personnes rassemblées et qui chantaient, les mains levées vers le ciel, sous la direction d'un pasteur, cravate et veston, accordéon en main. C'était un amalgame de musique country et d'hymnes religieux. Pas vraiment mon style. Mais ça m'était égal. Il y avait une chaleur dans la pièce. Après quelques vingt minutes, j'ai regardé Jocelyn, et j'ai vu que son visage était littéralement baigné de larmes. *Wow, quelque chose lui arrive*, ai-je pensé. Puis soudain, mon frère est tombé par terre. Les gens autour de nous ne bronchèrent pas d'un poil. Il y avait *quelque chose* dans l'atmosphère. En regardant les mots des chants à l'écran, je voyais le nom *Jésus* qui ressortait constamment. Et comme on voit parfois dans les films, toute la place a commencé à s'estomper et à devenir floue, avec les sons et la musique qui allaient en s'évanouissant.

C'est alors que je le vis. Il était debout devant moi, à quelques pas seulement. Je savais qui il était. Je pouvais voir les marques dans ses mains. Il était si brillant, et je me sentais tellement pécheur, j'avais tellement honte.

Baissant la tête, je dis : « Seigneur, pourquoi viens-tu à moi maintenant? Ne sais-tu pas qu'il est trop tard pour moi? »

Il ne dit pas un mot mais fit un pas vers moi.

« Jésus, tu n'as pas entendu ce que je viens de dire? Tu es si pur et si saint, et moi, je suis si impur. Si tu viens plus près de moi, ma saleté va te toucher et te souiller. Ne viens pas plus près de moi. »

Il ne dit pas un mot et fit un autre pas vers moi.

Pris de panique, je l'implorai : « Je t'en prie, ne viens pas plus près. Tu ne vois donc pas que mon cœur est sale? »

C'est alors qu'il a parlé, et qu'il a dit : « Donne-moi ton cœur. »

En sanglots, j'ai murmuré : « Oui. »

Il m'a pris dans ses bras, et j'ai pleuré longtemps sur son épaule. Tous les péchés de ma vie, les peines et les douleurs, se sont mis à sortir de mon corps avec force tandis que les vagues de son amour me traversaient l'une après l'autre.

Je m'en souviens comme si c'était hier. Au milieu de mes sanglots, je lui dis : « Je n'ai jamais trouvé un amour comme celui-ci où que ce soit, et si tu es décidé à m'aimer ainsi, je vais m'attacher à toi et je ne te laisserai jamais aller. Peu importe où tu iras, j'irai aussi. Tu ne pourras jamais te débarrasser de moi. »

Puis je me suis retrouvé dans l'église, au milieu des louanges.

L'APOSTOLIQUE COMMENCE ET S'ACHÈVE AVEC JÉSUS

Pourquoi ai-je pris le temps de partager ce témoignage au début d'un livre sur les centres apostoliques? Je voulais déclarer clairement, dès le départ, que le parcours apostolique commence et s'achève avec Jésus. Il est *l'envoyé* du Père, le grand *Apostolos* de notre foi. Il est et doit demeurer le centre.

Ce livre ne vient pas présenter une nouvelle méthodologie pour la croissance d'église, bien qu'en suivant la voix derrière moi qui dit : « Voici le chemin, marchez-y! » (voir Es 30:21), j'ai reçu des instructions pour faire, pas à pas, la transition de notre église traditionnelle en centre apostolique, ce qui a entraîné une croissance substantielle, autant en nombre et qu'en capacité spirituelle.

Parfois, le mot *apostolique* éveille dans l'imagination des gens l'image d'une machine bien huilée, avec une plaque en lettres d'or vissée au sommet qui proclame : production et efficacité.

Une fois de plus, bien que nous ayons tous à gagner à être mieux organisés, mon approche face à cette question tend davantage à être organique qu'industrielle. Je me sens plus à l'aise avec les nouvelles tendances du monde corporatif qui font de la place aux relations authentiques qu'au style classique du businessman. Je pense tout simplement qu'on peut avoir de meilleurs résultats de cette façon – des communautés authentiques dirigées par le Seigneur.

Au cours des années, au hasard de mes tentatives de « bâtir l'église », j'ai plus d'une fois perdu de vue l'appel simple que j'avais reçu au commencement. Nous pouvons facilement nous ensevelir dans notre activité tout en utilisant les dons que nous avons reçus pour « faire le travail ». Et il est toujours possible de quitter les rails, même quand la gare est en vue. C'est lors de ces moments cruciaux dans ma poursuite du ministère apostolique que le Seigneur a parfois choisi de s'approcher de moi. Au milieu du bruit engendré par mon activité fébrile, sa tendre voix réussissait à m'atteindre de façon si claire : « Tu te souviens de ce que je t'avais demandé ce jour-là?

— Oui, Seigneur, je m'en souviens. Comment pourrais-je l'oublier?

— Qu'est-ce que c'était? Dis-le moi, continuait-il.

— Tu m'as demandé… mon cœur.

— Oui, c'est bien cela, et je n'ai pas changé ma demande. Ton cœur. Tout le reste doit s'aligner avec cela. »

Ce livre, donc, est un battement de cœur. Et c'est dans une toute petite congrégation en train de louer Dieu que tout a commencé.

LA RENCONTRE DE L'ÉGLISE

J'ai une passion pour l'église. Elle m'est venue dès le premier jour. Je n'ai jamais pu séparer Jésus de l'église. Je ne suis pas certain qu'il apprécierait de toute façon. Et puisque que ce que j'écris ici doit servir de manuel pour un nouveau développement de l'église, je pense qu'il est important de présenter l'historique de mon expérience avec l'église. Je comprends que, pour certaines personnes, la simple mention du mot *église* suffise à faire remonter des souvenirs pénibles. J'en suis profondément désolé. Mais, pour ma part, l'église a été un refuge extraordinaire après le désespoir et la honte, un lieu sûr de guérison et de restauration.

Le jour où j'ai rencontré Jésus, j'ai été instantanément délivré de la drogue, comme si je n'y avais jamais touché de ma vie. Pas d'envies, pas de symptômes de sevrage, rien. Mais il restait tout de même quelque chose de très important qui devait se produire.

En quittant l'église, dès que mes pieds ont touché le trottoir, c'était comme si je revenais à moi. *Ma femme!* ai-je pensé. *Qu'est-ce que j'ai fait de ma vie?* Je l'avais entraînée avec moi dans tant de culs-de-sac. Comment allait-elle prendre ma nouvelle lubie chrétienne? Même si nous étions séparés, nous gardions quand même contact. Disons qu'il restait à Marie assez de compassion pour vérifier de temps à autre comment j'allais. Pour faire une histoire courte, après avoir écouté ce que j'avais à raconter, elle se rendit d'elle-même à l'étude biblique du mardi soir. Alors que la femme du pasteur enseignait à partir du livre de Romains, les profondes questions existentielles de Marie, auxquelles personne n'avait jamais pu répondre, furent expliquées. Il lui apparut clairement qui nous sommes, d'où nous venons, où nous allons et pourquoi – si l'homme est si intelligent – le monde est dans un tel désordre. Par la suite, nous avons commencé à fréquenter assidûment l'église et, peu de temps après, nous étions revenus ensemble comme couple. Le nom de l'église était *Église du Chemin du Calvaire,* maintenant changé en *Le Chemin.*

Durant les premiers mois à l'église, nous passions essentiellement les rencontres à pleurer. Nous étions envahis par la douce présence de Dieu et par l'amour dont nous étions témoins autour de nous. Semaine après semaine, je demandais à Marie, en rentrant à la maison : « As-tu vu la lumière sur le visage des pasteurs? Ils brillent! Et l'amour que les gens ont? C'est réel. Je te le dis, ils sont vrais! » À plusieurs reprises, c'était comme si une épaisse nuée d'onction s'installait dans la rencontre, et j'ai continué de penser, des années plus tard, après la vente du bâtiment, que l'onction devait encore couler le long des murs.

Les pasteurs Jean-Claude et Valerie avaient fondé l'église douze ans auparavant dans la province de Québec, au Canada, au milieu d'une culture catholique francophone très forte, et souvent hostile, dans ces années-là, à ce qui était considéré comme une secte. Nous étions établis sur la rue Eddy, dans un des principaux quartiers pour les débits d'alcool et la prostitution. Il y avait souvent beaucoup d'action dans les rencontres, avec des gens qui entraient directement de la rue, à tous moments. Mais nous avions trouvé notre chez-soi.

Jean-Claude et Valerie sont devenus nos vrais parents spirituels; ils nous ont accompagnés à travers la guérison et la délivrance, les crises de croissance, et tout et tout. Et nous nous sommes fait des amis pour la vie. En fait, nous n'avons jamais quitté cette église. C'est bien cela : le centre apostolique que nous dirigeons en ce moment est un développement de la même église où nous sommes entrés il y a plus de vingt-cinq ans. J'ai beaucoup voyagé et j'ai visité des centaines d'églises, mais la maison, c'est la maison. Même chose pour Jean-Claude et Valerie; ils sont encore ici, chez-eux. *Comment est-ce possible?*, peut-on se demander. Eh bien, vous le découvrirez en continuant à lire.

COMMUNAUTÉ AUTHENTIQUE ET GLOIRE

Il y a deux choses que je désirais dans la vie. La première était une communauté authentique; la seconde, de voir la gloire de Dieu. Même avant d'être de ce côté-ci de la croix, j'aspirais à une façon de vivre qui serait différente. Dans le années 80, il n'était pas inhabituel de parler de nouveaux types de communautés. Pour moi, c'était plus que des discours. J'avais écrit un document sur un modèle de société basé sur la famille qui n'aurait demandé qu'un petit effort de notre volonté pour laisser aller un peu de notre égocentrisme et de notre attachement aux possessions matérielles, pour embrasser une approche plus collective où l'on se fait confiance les uns aux autres, loin de la ville, dans des maisons que nous aurions bâties dans les champs, etc. Vous voyez le tableau? Aujourd'hui, nous sourions en entendant cela. Mais l'aspiration était véritable. Il doit y avoir une alternative à la société impie dont nous avons héritée. Il doit y avoir une meilleure façon de vivre sur cette terre.

D'où pourrait venir le modèle? L'exemple de ce que nous avons tenté au travers des civilisations n'est vraiment pas convaincant sauf, peut-être, pour ces quelques pages du livre des Actes des Apôtres qui surgit comme un éclair dans l'histoire de l'humanité. Ce que nous voyons dans le récit des premières années de l'église est le développement de communautés qui mettaient enfin en pratique des codes de conduite célestes. Mais elles ne devaient représenter que la première phase. Et malgré toute la beauté que nous trouvons aujourd'hui dans l'église, force nous est d'admettre que nous nous sommes tant éloignés du modèle d'origine que, dans la plupart des cas, revenir sur nos pas constituerait tout de même une progression vers l'avant!

La vie d'une communauté authentique démontre l'amour, la vérité et le pardon; c'est le parfum du fruit de l'Esprit qui en émane. La gloire manifeste la puissance et l'autorité divines propices à produire une transformation dans la société; elle libère la force des dons. Mais ces deux éléments – la vie d'une communauté authentique et la gloire – doivent coexister si nous voulons jamais en arriver à voir le modèle divin implanté sur terre.

J'ai été tiraillé pendant plusieurs années entre la gratitude, l'amour et le respect que j'éprouvais pour l'église et l'insatiable soif d'en avoir plus, étiré dans cette tension entre ce que je voyais dans les Actes et ce que nous expérimentions dans l'ère présente. Je voulais absolument pouvoir montrer aux gens un modèle de société qui répondrait aux aspirations les plus profondes de leur cœur, tout comme les gens sont attirés par Jésus lorsqu'on le présente correctement.

J'en suis éventuellement arrivé à la conclusion qu'une réforme de la structure de l'église était inévitable si nous voulions transmettre la réalité céleste et faire avancer le royaume de Dieu. De meilleures prédications ne suffiront pas, des appels à l'autel avec plus d'onction ne suffiront pas, de plus grands ralliements ne suffiront pas. La structure fondamentale de l'église doit être changée.

LA STRUCTURE SUIT, PUIS SOUTIENT LA VIE

Ce dont il est question ici, c'est la vie : la recevoir, la soutenir, la donner. Et il n'y a pas de vie sans structure. Dès que la vie apparaît, une structure est créée pour soutenir cette vie. Ce principe est décrit dans 1 Corinthiens 15:37-38:

> Et ce que tu sèmes, ce n'est pas le corps qui naîtra; c'est un simple grain, de blé peut-être, ou d'une autre semence; puis Dieu lui donne un corps comme il lui plaît, et à chaque semence il donne un corps qui lui est propre.

La semence contient la vie, et quand cette semence précieuse est mise dans la bonne terre, la vie qu'elle contient se manifeste. Mais cette vie se fera reconnaître à la forme qu'elle prendra : le corps qui lui est propre. Le Seigneur donne à cette vie le *corps* qu'il a ordonné qu'elle ait d'après son plan maître. Chaque espèce a son propre corps. Mais qu'est-ce qui vient en premier? La vie ou le corps? La réponse est la vie. Puis Dieu lui donne un corps comme il l'a déterminé. Nul n'existe sans l'autre. Mais la vie vient d'abord; puis la structure suit pour soutenir cette vie.

Une autre illustration de la structure est ce que la Bible appelle outres :

> Et personne ne met du vin nouveau dans de vieilles outres; autrement, le vin fait rompre les outres, et le vin et les outres sont perdus; mais il faut mettre le vin nouveau dans des outres neuves. (Mc 2:22)

Le but de l'outre est d'héberger la vie. Sans l'outre, le vin ne peut se développer adéquatement pour atteindre son plein potentiel.

L'ensemble du processus est pour le vin, pas pour l'outre; mais sans l'outre, il n'y aurait pas de vin. La structure suit la vie, puis la soutient.

Le problème ne se trouve pas dans le vin mais dans la capacité d'expansion de l'outre. Quand le vin vieillit pour devenir toujours meilleur, il ne demeure pas statique. C'est là la vie abondante dont Jésus parle en Jean 10:10. La vie ne cesse de croître, et les contenants de la vie doivent être capables de s'ajuster au mouvement interne de la vie qu'ils protègent.

Chaque fois que nous luttons pour préserver la structure au détriment de la vie, nous séchons. Chaque fois que nous laissons la vie suivre son cours sans structure appropriée, elle renverse. Ces deux façons de faire sont malheureusement trop communes. Certains vivent dans l'ivresse, d'autres dans la sécheresse. Permettez-moi de présenter ainsi la question : la structure n'est pas le but, mais il n'y a pas de vie durable sans outres flexibles.

SE DESSÉCHER EN MODE D'ENTRETIEN

En jetant un coup d'œil au portrait global de l'église, j'ai observé une tendance à maintenir ce que nous avions reçu. D'accord, l'entretien n'est pas une chose mauvaise en soi mais, en ce qui a trait à gérer correctement l'investissement que Jésus a confié à l'église, l'entretien seul ne saurait satisfaire les attentes. C'est ce que la parabole des talents révèle avec le maître qui est insatisfait du serviteur qui n'a pas fait profiter ce qui lui avait été confié (voir Mt 25:24-27).

Nous devons réaliser que la semence précieuse qui a été mise dans la terre de l'église est une semence vivante, destinée à produire des récoltes toujours plus vastes. Nos opérations pour la récolte doivent suivre un plan stratégique de développement. Faire de menus travaux de réparation et donner un coup de peinture à la même vieille grange peut être une activité divertissante pour la famille les fins de semaine, mais cela ne nous permettra jamais d'être prêts à recevoir les récoltes qui s'annoncent. Le nouveau vin qui est versé en nous provoque une expansion à tous les niveaux. Ai-je entendu un craquement?

La rigidité mène à la mort et vice versa. Puisque c'est le cas, pourquoi donc tant de leaders sont-ils pris dans un mode d'entretien rigide au sein de l'église? Pourquoi s'en trouve-t-il tellement à lutter pour préserver de vieilles structures plutôt que d'embrasser les outres souples qui obéissent au mouvement de la vie. J'ai médité sur ces questions à diverses périodes en grandissant dans l'environnement de l'église. Voici quelques réponses possibles que j'en suis venu à considérer.

Le paradigme pastoral

Dans la plupart des cas, la direction de l'église telle que nous la connaissons aujourd'hui a été confiée soit à des pasteurs, soit à de brillants administrateurs. En raison de leur appel spécifique, les soins et la protection, davantage que la réforme, sont devenus le *modus operandi*. C'est tout à fait compréhensible; tous ne sont pas appelés à être des visionnaires ou à s'exciter à l'idée de s'écarter des vieux modèles.

Voici comment je vois l'ensemble du tableau : le prophète perçoit qu'il y a de meilleurs pâturages de l'autre côté de la montagne qu'on voit au loin. L'apôtre dit : « Allons voir ça de plus près! » L'évangéliste se met à passer le mot à tout le monde autour. Le pasteur s'assure qu'il y a suffisamment de provisions pour la route, tandis que l'enseignant prépare des cartes et une étude de l'histoire des lieux qu'ils traverseront.

Permettez-moi ici de spécifier quelque chose d'important : je ne pointe aucunement du doigt les fidèles pasteurs qui donnent leur vie pour veiller sur l'héritage qui leur a été transmis pour les générations futures et qui font sans cesse du bien autour d'eux, tout en amenant des âmes au Seigneur et en prenant soin du troupeau. Leur contribution au royaume de Dieu est inestimable; ils sont des héros de la foi qui méritent d'être célébrés avec de grands éloges! Nous avons tous besoin d'un pasteur dans notre vie; chaque église a besoin d'un pasteur dans l'équipe. Mais lorsqu'il est question de conquérir de nouveaux territoires, le pasteur type n'est pas convaincu que l'idée d'aller vivre sous des tentes soit bien attirante. S'il n'en tenait qu'à lui, il préfèrerait la plupart du temps que son troupeau demeure à la maison, en toute sécurité. Cela fait partie de l'ADN de son don.

Il serait absolument injuste de faire peser sur les épaules des pasteurs, en plus de toutes leurs tâches exigeantes, la responsabilité supplémentaire de conduire l'église à travers un processus de réforme. Le problème ne repose pas chez les fidèles pasteurs : ils s'acquittent de leur mandat. Ce dont nous avons besoin c'est que la réforme apostolique ait un plus grand impact dans la réalité de l'église.

Le facteur peur

Chez d'autres leaders, l'idée de l'inconnu fait vibrer la corde de la peur. C'est la triste réalité que plusieurs leaders sont aux prises avec des questions personnelles qui traînent, produisant une insécurité qui les paralyse. Ces leaders ont tendance à contrôler leur environnement autant que faire se peut dans le but d'éviter tout changement qui pourrait les forcer à affronter leurs problèmes. Pour tous ceux qui ont été sous l'autorité d'un leader anxieux, l'expérience s'est avérée étouffante, au mieux, et abusive dans les cas encore plus graves.

L'espoir différé

Puis il y a la grande compagnie de leaders qui jadis ont pu contempler la vision d'une meilleure église. Ils se sont lancés de tout cœur à la poursuite de cette vision, engagés avec passion dans cette quête sacrée, pour finalement frapper de plein fouet le mur épais des systèmes religieux. Plusieurs ne s'en sont jamais remis, pour éventuellement quitter le christianisme organisé. D'autres se sont résignés à une vie ministérielle morne. L'espoir différé. Cela rend le cœur malade (voir Pr 13:12).

Un agent de vie

Lorsque la structure ne sert pas la vie, lorsqu'elle devient si rigide qu'elle ne peut supporter le mouvement de la vie qu'elle contient, le résultat est l'avortement ou la fausse couche. La structure destinée à célébrer la vie devient un cercueil – mais pour un temps seulement. La vie trouve toujours un passage pour resurgir, pour rejaillir.

Cependant, quand la structure est la bonne, dotée des qualités nécessaires pour contenir sans contrôler, supporter sans dicter, elle permet à la vie de suivre son cours. En ce qui a trait à la capacité de faire avancer les choses, l'église a besoin du leadership du ministère apostolique – un agent de vie qui établit la structure d'après la vie.

CONFÉRENCES : LA GRANDE ILLUSION

On peut trouver rassurant, au début, de faire partie d'une église qui opère dans un mode d'entretien. On y trouve stabilité et prévisibilité. Si de plus les pasteurs sont chaleureux, la combinaison n'est pas mal du tout. Mais le tout peut aussi devenir ennuyant avec le temps. Comme, en tant que lecteurs de la Bible, nous sommes exposés histoire après histoire à des aventures surnaturelles, cela a tendance à éveiller une faim spirituelle pour davantage que ce que les services réguliers du dimanche matin ont à offrir. Le Seigneur place cette faim en nous pour nous provoquer au changement. C'est une faim qui nous secoue de notre complaisance, qui nous fait crier à Dieu, qui nous pousse à l'action. Elle a comme but d'être un catalyseur pour déclencher une réaction en chaîne qui va remodeler l'église jusqu'à ce que la vie abondante devienne la norme. Mais quand la structure ecclésiastique rigide n'est pas prête à accueillir le changement, cette faim cherche d'autres avenues pour être satisfaite.

Ce que je suis sur le point de dire pourra en déranger certains, mais les conférences sont trop souvent devenues une dérobade face au manque de vie dans les églises locales, comme une soirée au cinéma pour oublier la récession. Une grande illusion.

Là-dessus, comprenez-moi bien. J'aime les conférences. J'organise et j'accueille des conférences. Je parle lors de conférences. Au moment même où j'écris ceci, je viens juste d'avoir une conférence, il y a deux semaines, avec Chuck Pierce, Peter Wagner, et Doug Schneider. C'était brillant. Je suis un gars de conférence.

Cependant, le problème se pose lorsque nous utilisons ce qui est bon (une conférence) comme substitut plutôt que de réparer ce qui fait défaut (notre vie d'église). Alors au lieu de changer notre réalité, nous embrassons l'illusion réconfortante d'avoir une autre vie, pour un instant, jusqu'à ce qu'on doive rentrer à la maison. Je vous ai dit que j'avais une passion pour l'église. Ce livre propose une réforme pour elle. J'ai vu trop de gens courir à des conférences dans l'espoir de pouvoir goûter à ce qu'ils ne peuvent trouver dans leur église.

J'ai aussi fait partie de nobles efforts, faits avec persévérance par des leaders d'églises, qui avaient comme but de produire une réforme au moyen de dynamiques de conférences ou de rassemblements de toutes sortes. Bien que de merveilleux actes prophétiques aient été posés et qu'une autorité collective ait été exercée avec des résultats qui ont touché l'ensemble du pays, nous avons été forcés d'admettre dans nos débriefings que, dans la plupart des cas, nous étions impuissants à établir ces dynamiques dans nos bases locales. Nous expérimentions donc une certaine dimension dans nos conférences, tout en continuant à vivre toujours la même vie qu'avant en rentrant à la maison. Nous ne savions pas comment appliquer, à nos vies quotidiennes, ce que nous vivions dans les conférences, du moins, pas dans le type d'église qui nous était familier.

J'avais le même sentiment quand nous avions des invités spéciaux qui visitaient l'église. Nous vivions des rencontres extraordinaires en leur présence, avec des guérisons ou un flot prophétique ou une certaine mesure de gloire. Mais, quand ils quittaient, nous devions retourner à nos services réguliers, ce qui entraînait inévitablement une pénible période d'ajustement. Un jour, j'avais dit à l'un de nos invités : « Nous apprécions vraiment ton ministère, mais après ton départ, nous en serons au même point. S'il te plaît, enseigne-nous comment tu fais; dis-nous ce qui se passe dans tes pensées quand tu fais le ministère, comment tu décides de poser un geste ou pas, comment tu entends les instructions de Dieu, et comment tu sais ce qu'il faut faire, pour que nous apprenions nous aussi à le faire quand tu ne seras plus là. » J'ai toujours voulu que la gloire de Dieu ne soit pas réservée à des occasions spéciales mais soit l'héritage de nos vies quotidiennes. J'ai toujours voulu que nos églises locales soient capables d'accueillir la gloire.

Dans certains cercles, les conférences sont devenues comme une sorte de monde parallèle. Il y a presque un nouveau type de ministres que j'appellerais apôtres de conférence, prophètes de conférence, prédicateurs de conférence. Sans le savoir, nous avons produit un christianisme à deux pôles : les samedis éclatés et les dimanches tranquilles. Quand j'ai commencé à réaliser tout cela, j'ai connu un vif désir de voir les ministères apostoliques relever leurs manches et plonger les mains dans le terreau des églises locales pour produire le type de dimanche qui feraient du bruit dans nos villes.

TENIR DES SERVICES OU TOUCHER LA VILLE ?

Qui aimerait assister à un service funéraire chaque semaine? Dans certains cas, c'est le sentiment que nos dimanches matin nous laissent. Pas étonnant que les gens aient recherché des conférences pour prendre une bouffée d'air frais. Mais quand je dis qu'un nouveau type de dimanche doit être établi, j'ai en tête bien plus qu'un meilleur service religieux. Je parle de la capacité apostolique de positionner le corps de Christ pour une rencontre divine à la Jacob : rassembler les gens à la porte même des cieux, établissant ensemble la véritable maison de Dieu (voir Ge 28:17).

Ce type de rassemblement est une poussée de gloire venant remplir et activer les gens pour qu'ils envahissent littéralement leurs communautés, semaine après semaine, avec l'évangile du royaume et la puissance pour apporter une transformation. La force de tels dimanches doit être jumelée à une structure relationnelle qui soutient les gens dans leur action durant toute la semaine. Lorsque que ceci est en place, nous assistons à une visite du ciel sur la terre chaque dimanche, et une puissance glorieuse est libérée pour toucher la ville.

Pourquoi accorder tant d'importance au dimanche? N'est-ce pas une approche religieuse? Religieux ou pas, j'ai toujours aimé aller à l'église le dimanche. Mes premières années à l'église, je devais parfois travailler à l'hôpital le dimanche comme aide-infirmier. Je prenais ma bicyclette à la pause du midi, je roulais jusqu'à l'église, j'attrapais vingt minutes de la rencontre, et je remontais finir ma journée à l'hôpital. Quand il est question du dimanche, voici ce que je pense : plutôt que d'essayer de réinventer la roue, pourquoi ne pas utiliser ce que nous avons, faire nos devoirs, et voir si une procession funéraire ne peut être changée en marche de résurrection!

HONORER LES PARENTS

Mais laissez-moi reprendre mon histoire où je l'avais laissée à l'époque où j'étais un jeune croyant. J'étais maintenant à l'église depuis douze ans. Durant neuf de ces années, j'avais dirigé notre école chrétienne. C'était un poste à temps plein, même si le nombre d'étudiants était plutôt petit. Cette période fut ma formation sur le terrain pour le ministère : lectures théologiques, interaction quotidienne avec les étudiants et les parents, prière pour les finances personnelles. J'y ai été brisé. J'y suis devenu qui je suis aujourd'hui.

Puis le pasteur Jean-Claude a commencé à voyager à l'extérieur de la province, partageant avec la partie anglophone du pays la réalité francophone que nous vivions au Québec et le champ missionnaire que nous étions. Avec le temps, de plus en plus de portes ont continué de s'ouvrir pour lui et son épouse Valerie, et un ministère de pasteurs pour les pasteurs s'est graduellement développé.

L'église était encore assez petite, occupant toujours la même devanture d'un ancien commerce. Le travail des pasteurs fondateurs avait essentiellement consisté à établir une fondation et un noyau de croyants qui allait durer. Le tout ayant été réalisé avec succès, le besoin d'une transition se fit sentir. Quand un prophète qui passait confirma que le temps de faire cette transition était venu, le pasteur Jean-Claude a fait le pas de foi avec courage et a rassemblé les anciens pour discuter de la situation. Il fut décidé que je deviendrais le nouveau pasteur, tandis que Jean-Claude et Valerie poursuivraient un ministère itinérant. Ils remettaient l'église entièrement entre mes mains et ce, sans conditions. Mais la chose la plus intéressante est que l'église est demeurée leur chez-soi, où ils ont continué d'être honorés comme Papa et Maman de la maison. Marie et moi sommes devenus les pasteurs principaux tandis qu'ils sont demeurés les pasteurs fondateurs et notre couverture spirituelle.

La transition s'est passée de façon admirable, pour plus d'une raison. Premièrement, j'étais leur fils spirituel et un vrai fils de la maison. Deuxièmement, je me suis assuré de toujours les honorer tant publiquement qu'en privé. Troisièmement, nous avons mis en place des mesures pour prendre soin d'eux financièrement. Quatrièmement, j'ai respecté la fondation qu'ils avaient établie. Cinquièmement, je les ai inclus dans l'équipe de direction. Sixièmement, ils avaient suffisamment de maturité et de sécurité émotionnelle pour lâcher prise et me laisser diriger. En fait, lorsque j'ai présenté les changements que je voulais apporter, ils ont été mes plus fidèles partisans, rassurant les anciens qui parfois éprouvaient des difficultés face à mes décisions.

Il s'est écoulé près de quinze ans depuis la transmission du pastorat, et notre relation est non seulement toujours excellente, mais continue de s'enrichir. Quand j'ai procédé à la transition apostolique, il y a quelques années, Jean-Claude et Valerie m'ont une fois de plus donné leur appui complet, et je les ai inclus dans la nouvelle équipe apostolique, juste à côté de Marie et moi.

Dans les prochains chapitres, je donnerai les aspects pratiques de cette seconde et plus récente transition que nous avons connue : le passage d'un conseil d'anciens à une équipe apostolique, et d'une église locale traditionnelle à un centre apostolique. Mais permettez-moi d'abord de terminer l'histoire des premières années.

L'ÉGLISE DONT JÉSUS RÊVE

Devenir le pasteur principal de la congrégation avec laquelle j'avais grandi était quelque chose d'assez excitant. Cela me permit d'envisager l'avenir à un tout autre niveau. Je suis idéaliste de nature. J'ai tendance à croire que le meilleur est toujours à portée de la main. Je commençai à regarder autour de moi et à me poser les questions suivantes. Quel est le désir du cœur de Dieu? De quelle église Jésus rêve-t-il toujours qu'elle se lèvera? Comment, en tant que communauté de croyants, pourrions-nous devenir une demeure pour la présence de Dieu et une expression active de son cœur sur la terre?

Une communauté différente

Il ne fait aucun doute que le Saint-Esprit bâtit une communauté sur la terre qui est différente de tout ce que le monde n'ait jamais vu. Même si la nation d'Israël devait être, sous plusieurs angles, un avant-coureur de ce peuple spirituel qui était à venir, il restait encore une compagnie à former quand les temps seraient mûrs.

Le Seigneur veut faire naître quelque chose sur la terre au travers de cette compagnie qu'on appelle l'église. Il veut voir la formation d'une nouvelle outre dans laquelle le nouveau vin venu du ciel peut être déversé sans être répandu par terre. Nous sommes appelés à former ce contenant où le ciel peut habiter sur la terre.

Je n'étais pas certain de la façon dont cela pourrait se produire, mais quelques décisions que nous avons prises en cours de route nous ont permis de faire des progrès dans la direction de ce que nous allions devenir.

Premiers pas

J'ai rapidement résolu que je ne me battrais d'aucune façon pour préserver une structure rigide. Ce que cela voulait dire, je n'en étais pas vraiment sûr, mais en tous cas, ça sonnait bien! Au Québec, une province majoritairement francophone, l'église catholique a été très forte depuis les débuts de la colonie, et les églises protestantes ont été peu nombreuses, habituellement petites, et principalement en mode de survie. Nous avons reçu beaucoup d'aide du Canada anglais et des États-Unis pour ouvrir de nouvelles églises, enseigner, et former les gens. Cette aide fut réellement inestimable. Cependant, le côté moins attrayant fut que le modèle d'église qui nous fut présenté ne correspondait pas toujours à notre ADN. D'une certaine façon, en tant que peuple avec sa culture explorant le christianisme sous un nouvel angle, nous cherchions à découvrir notre identité, à définir ce que devait être le visage de l'église dans notre propre contexte.

C'est dans cette optique que j'ai toujours insisté pour accueillir la liberté. J'ai préféré errer de ce côté plutôt que du côté de la rigidité et des règles serrées. Ceci n'était pas vraiment étranger à l'héritage du pasteur Jean-Claude qui nous avait élevés avec cette phrase : « Ici, à la chapelle – nous appelions alors souvent l'église de cette façon – nous n'avons pas de programme; nous suivons le Saint-Esprit. » Je voulais continuer à développer une culture de liberté, et cela donnait parfois une image quelque peu chaotique. Disons que c'était un « désordre sous contrôle », certainement davantage de style latin que selon l'ordre anglo-saxon. Les règles ont une définition maison pour moi : elles sont la meilleure option, la plupart du temps. À cause de cette pensée, je voulais que notre parfum soit celui de l'amour, d'une communauté conduite par son cœur, pas par un manuel d'église.

J'ai aussi partagé avec la congrégation que nous devions mettre l'essentiel de nos efforts à former et envoyer les gens, à élever des disciples (pas seulement des convertis), et à développer des leaders. Ce changement allait éventuellement produire une explosion, mais quand nous avons commencé dans cette voie, ce n'était qu'un idéal. Je ne savais pas du tout comment nous pourrions réaliser tout cela. Nous étions une église d'environ cinquante personnes, certaines en faisant partie depuis bien longtemps. Je mentionne ce détail pour encourager ces leaders qui peuvent s'identifier à une situation semblable. Levez les yeux et regardez : votre destinée pointe à l'horizon.

Puis, après un bout de temps, j'ai réalisé que nous devions utiliser une louange exubérante pour arriver à produire une percée. L'atmosphère spirituelle de la province était si opprimante que nous avions besoin d'une louange guerrière pour déchirer cette épaisse couverture de dépression au-dessus de nous. Certaines chansons ou styles de louange que nous entendions sur cassettes (vous vous rappelez de ça? – avant les CD et iTunes!) faisaient l'affaire pour d'autres parties du monde où un réveil avait dégagé l'atmosphère, mais ils ne pouvaient pas nous aider ici. Nous avons dû développer une louange guerrière jusqu'à ce que nous percions les ténèbres.

Finalement, j'ai décidé que nous allions devenir l'église la plus généreuse des environs. Comme bien d'autres, nous étions habitués à être du côté de ceux qui se font donner des choses, mais je voulais planter les piquets de notre tente avec ceux qui donnent et refuser l'esprit de pauvreté. Nous avons mis cela en pratique de plusieurs façons. Nous avons commencé à donner de gros honoraires à nos prédicateurs invités (au-delà de notre capacité; je disais à notre comptable de retenir mon salaire s'il le fallait), et nous sommes devenus des contributeurs financiers solides à tous les évènements organisés par des églises de la région, même si nous n'étions encore qu'une petite église.

La générosité n'est pas seulement une question d'argent; c'est une attitude de cœur. Nous avons créé une culture de générosité et de service envers les autres églises et envers la ville. Je me rappellerai toujours un des festivals que nous avions organisé dans un parc, servant la population avec des repas gratuits, un atelier de réparation de bicyclettes, et un hommage pour honorer des citoyens spéciaux et des dignitaires de la ville. Un après-midi, nous avions invité une église du coin à se joindre à nous pour un concert et un temps de partage de l'évangile. Quand ce fut le temps de parler à la foule, j'ai demandé en privé au pasteur de s'adresser aux gens et de les inviter à son église. Il n'arrivait pas à croire que je puisse faire une telle chose, puisque c'est nous qui avions tout organisé, et assumé les coûts sans jamais demander un seul sou à son église. De plus, c'était une église de style plus conservateur, et peut-être était-il réticent à monter sur notre scène. Alors j'ai moi-même pris la parole et fait la promotion de son église, disant aux gens que s'ils cherchaient un bon endroit pour louer Dieu, son église en était une bonne, et que je la recommandais!

DANS LA NRA SANS MÊME LE SAVOIR

Au milieu des années 90, C. Peter Wagner a proposé le terme Nouvelle réforme apostolique (NRA), sur la base de son observation attentive du mouvement du Saint-Esprit dans l'église, mouvement qui montrait de grands progrès accompagnés de conditions spécifiques. Après quelques efforts pour trouver un nom qui pourrait le mieux décrire ce qu'il voyait, il trouva éventuellement la NRA, un nom que les gens commencèrent à utiliser et qui finalement s'imposa. Je sais que certaines personnes pensent toujours qu'il s'agit d'un mouvement qu'il a fondé, ou d'une organisation qu'il a établie. Quand on réalise la magnitude de ce que la NRA décrit et de ses dynamiques populaires, il est plutôt amusant que certains puissent penser de la sorte, mais je suis prêt à mettre cela sur le compte d'une information erronée. Tellement de choses ont été dites à ce sujet, mais je vais moi aussi en rajouter et vous donner un scoop : on peut faire partie de la NRA sans même en être conscient!

Notre congrégation avait été établie par un couple fidèle à Dieu qui avait définitivement un manteau apostolique dans leur vie. La structure de l'église était peut-être traditionnelle mais, dans ces années-là, il n'y avait pas vraiment d'autres modèles qui existaient. Ce qui était absolument remarquable, cependant, c'était leur vision pour une famille et pour la présence du Seigneur (communauté authentique et gloire).

Je représentais le nouvelle génération, privilégiée de pouvoir se tenir sur la fondation solide posée sous elle, forte du soutien d'un père et d'une mère spirituels, à un temps où de grandes révélations étaient accordées au corps de Christ, l'âge apostolique, tout jeune, et la pensée du royaume se croisant. Nous n'aurions pas su y apposer la bonne terminologie à l'époque; nous étions simplement excités d'aimer Jésus et d'appliquer nos cœurs à trouver les moyens pour que son royaume vienne dans nos vies. Sans le savoir, nous vivions les débuts d'une réforme. Comme d'innombrables autres, nous étions lancés dans la Nouvelle réforme apostolique avant d'avoir jamais pu en entendre parler. C'est ce qui nous a conduit dans le parcours dont ce livre parle.

Avant d'entrer dans les détails qui relatent comment nous avons fait la transition vers un centre apostolique, je vais maintenant présenter une vue plus élaborée sur les principales dynamiques apostoliques.

CHAPITRE 2
Le mandat apostolique

QUI T'A ENVOYÉ?

Maintenant, va, je t'enverrai auprès de Pharaon, et tu feras sortir d'Égypte mon peuple, les enfants d'Israël. Moïse dit à Dieu : Qui suis-je, pour aller vers Pharaon, et pour faire sortir d'Égypte les enfants d'Israël? Dieu dit : Je serai avec toi... Moïse dit à Dieu : J'irai donc vers les enfants d'Israël, et je leur dirai: Le Dieu de vos pères m'envoie vers vous. Mais, s'ils me demandent quel est son nom, que leur répondrai-je? Dieu dit à Moïse : Je suis celui qui suis. Et il ajouta : C'est ainsi que tu répondras aux enfants d'Israël : Celui qui s'appelle « Je suis » m'a envoyé vers vous. (Ex 3:10-14)

Moïse est l'apôtre le plus important de l'Ancien Testament. Il fallut deux saisons de quarante ans pour le préparer à son appel mais, finalement, devant un buisson enflammé, le jour de sa commission arriva. Lors de cette rencontre, les trois éléments clés de toute aventure apostolique sont clairement visibles : celui qui envoie, celui qui est envoyé, et une mission. C'est là tout le sens du dialogue entre Dieu et Moïse.

La mission ne présentait aucune surprise : faire sortir le peuple d'Égypte. Moïse n'avait pu chasser cette idée de sa tête depuis quarante ans. Nulle part n'apparaît-il questionnant la validité de cette mission, mais ce dont il n'était plus certain, c'était s'il était celui qui était le plus apte à s'en charger. Sa faillite en Égypte quarante ans plus tôt était toujours fraîche dans sa mémoire, mais cette fois, Dieu lui disait : « Je serai avec toi. »

Moïse avait appris quelques leçons avec les années. Il connaissait la différence entre ce qui avait du poids et ce qui n'en avait pas. Il savait que lorsqu'il se présenterait devant le peuple pour expliquer sa mission, on ne lui poserait qu'une seule question : « Qui t'a envoyé? » C'est là la question apostolique. Et Moïse connaissait désormais l'importance de cette question. N'est-il pas intéressant qu'un homme de quatre-vingts ans se fasse demander par des hommes, somme toute plus jeunes : « Qui t'a envoyé? » N'est-ce pas là le genre de question qu'on poserait plutôt à un adolescent ou à un jeune homme parti faire une course? Mais Moïse savait que c'était la clé qui libère la puissance pour toute mission. Et Dieu le savait aussi. Alors il a dit à Moïse, et je paraphrase : « Vas-y, Moïse. Vas-y et dit leur qui est celui qui t'envoie! »

JÉSUS, NOTRE APÔTRE

Mais, lorsque les temps ont été accomplis, Dieu a envoyé son Fils... (Ga 4:4)

Tout est dans le choix du moment. Mon beau-frère Gigi m'a déjà dit : « La bonne chose au mauvais moment est quand même la mauvaise chose. » Il ajoute aussi, avant de faire entendre son rire : « Il y a une grande différence entre maintenant et *tout de suite*. »

Moïse a accompli le mandat pour son temps. Hébreux 3:5 nous dit : « Pour Moïse, il a été fidèle dans toute la maison de Dieu, comme serviteur, pour rendre témoignage de ce qui devait être annoncé. » *Ce qui devait être annoncé*, parle de ce temps futur que Galates 4:4 décrit. Lorsque les temps ont été accomplis, les douleurs de l'enfantement apostolique ont finalement été relâchées et Dieu a envoyé son Fils!

Moïse a été fidèle dans la maison comme serviteur, « mais Christ l'est comme Fils sur sa maison » (Hé 3:6). C'est pourquoi Jésus est l'apôtre et le souverain sacrificateur que nous professons (voir Hé 3:1), et est « jugé digne d'une gloire d'autant supérieure à Moïse » (Hé 3:3).

Dans toutes nos discussions et nos efforts pour bâtir de façon apostolique, nous devons garder les yeux sur Jésus, sachant que « celui qui a construit une maison a plus d'honneur que la maison même » (Hé 3:3). Dans sa première lettre, l'apôtre Jean a partagé : « Et nous, nous avons vu et nous attestons que le Père a envoyé le Fils comme Sauveur du monde. » (1 Jn 4:14) Ici encore, nous avons quelqu'un qui envoie, quelqu'un qui est envoyé, et une mission. Avant d'aller plus loin, explorons plus à fond cette question.

ENVAHIR, OCCUPER, ET TRANSFORMER

Pax Romana

Les principaux mots grecs utilisés dans le Nouveau Testament pour décrire le concept apostolique sont apostolos (le nom), apostello (le verbe), et apostole (un nom qui désigne à la fois l'apostolat et un apôtre). La définition d'apostole, telle que donnée dans la concordance Strong's, contient quelques pistes intéressantes :

1. de l'envoi d'une flotte
2. des consuls avec une armée, c'est-à-dire d'une expédition

Les auteurs du Nouveau Testament vivaient sous l'Empire romain, et le choix des termes qu'ils utilisaient reflétait leur compréhension de cette réalité. Quand *l'apôtre* Paul dit que Jésus est l'apôtre que nous professons, il pouvait voir au-delà du contexte religieux et empruntait à la culture de son temps. Ce qu'il voyait était l'image d'une flotte entière quittant Rome pour aller conquérir les côtes étrangères ou l'image d'un consul s'avançant avec son armée, l'étendard romain flottant bien haut, prêt à s'emparer de nouveaux territoires pour l'empereur.

Le terme d'apôtre en est un militaire; le contexte est celui d'une conquête, qu'elle soit sous l'Empire grec ou romain. Nous utiliserons l'exemple romain pour notre étude.

Rome était dirigée par des empereurs qui faisaient constamment la guerre, jusqu'à ce que le monde d'alors soit conquis; cela se produisit sous Octave qui a ainsi inauguré une période de deux cents ans de paix connue sous le nom de Pax *Romana*. La raison de cette période de paix repose non seulement sur le fait que tous les pays avaient été conquis, mais sur la capacité des Romains à établir un mode de vie romain dans ces pays conquis, avec leurs armées s'y installant en permanence, après l'invasion, pour occuper les lieux. L'Empire romain comprenait ce que nous appelons aujourd'hui l'Europe occidentale, le Proche-Orient, et l'Afrique du Nord. Plusieurs de ces sociétés ont bénéficié de la règle romaine qui leur fut imposée; par exemple, l'introduction des modèles romains pour les bains publics, les routes, les aqueducs, l'habitation, et une stabilité qui rendait la vie plus facile pour les populations.

Il y avait donc trois phases stratégiques pour qu'une conquête réussisse : envahir, occuper et transformer. L'empereur envoyait une flotte ou une armée, dirigée par un consul, avec une mission claire. Tout le pouvoir de l'empereur était délégué à cet « apôtre » pour qu'il dirige les opérations et procède à l'invasion. Dès que la victoire était acquise, il installait ses leaders et ses troupes dans tout le pays pour l'occuper et le gouverner, non seulement pour empêcher la population de fomenter des révoltes, mais pour introduire de nouvelles lois, de nouvelles infrastructures, une nouvelle culture et un nouveau type de société. Si donc l'empereur venait à visiter ses nouveaux territoires, il trouvait qu'ils étaient devenus une véritable extension de Rome et se sentait tout à fait comme chez lui. Les mêmes dynamiques apostoliques se retrouvent au cœur du plan divin de rédemption pour la terre.

Une tête de pont

Jésus a quitté le ciel, envoyé par son Père, avec la mission et l'autorité d'envahir le monde, l'occuper, et le transformer. En d'autres termes, Jésus a été envoyé pour apporter la règle du royaume de Dieu sur la terre comme au ciel – préparer une demeure pour la sainte présence, une maison pour Dieu avec les hommes.

La victoire de Jésus sur la croix et sa résurrection ont établi une tête de pont inexpugnable et permanente d'où ses armées apostoliques sont constamment dépêchées pour envahir la terre avec l'évangile du royaume.

Remplir la terre

Comme les populations reçoivent le salut, il est très important que l'église comprenne le besoin d'occuper adéquatement les nouveaux territoires qui sont ajoutés. Ce que le Seigneur a dit à Moïse à ce sujet doit être reconnu. Parlant des nations qu'Israël devrait conquérir dans la Terre Promise, le Seigneur dit :

> Je ne les chasserai pas en une seule année loin de ta face, de peur que le pays ne devienne un désert et que les bêtes des champs ne se multiplient contre toi. Je les chasserai peu à peu loin de ta face, jusqu'à ce que tu augmentes en nombre et que tu puisses prendre possession du pays. (Ex 23:29-30)

Ce passage établit clairement qu'il ne sert à rien d'étendre nos frontières si nous ne sommes pas en mesure d'occuper ce que nous avons conquis. En fait, quand nous n'occupons pas les territoires que nous avons conquis, nous ouvrons la porte au danger qu'un autre type d'ennemis, pire que les premiers, entre et se multiplie rapidement. Jésus a fait une analogie semblable en Matthieu 12:43-45 quand il a décrit la maison qui avait été nettoyée mais non occupée :

> Lorsque l'esprit impur est sorti d'un homme, il va par des lieux arides, cherchant du repos, et il n'en trouve point.

Alors il dit : Je retournerai dans ma maison d'où je suis sorti; et, quand il arrive, il la trouve vide, balayée et ornée. Il s'en va, et il prend avec lui sept autres esprits plus méchants que lui; ils entrent dans la maison, s'y établissent, et la dernière condition de cet homme est pire que la première. Il en sera de même pour cette génération méchante.

Dieu sait que rien ne reste vide très longtemps. Un espace vide est une invitation à être rempli. La question est qui ou quoi remplira ce vide. Le Seigneur est un Dieu qui remplit. Il a rempli le tabernacle de sa gloire, puis le temple, et il remplira ultimement la terre entière de la connaissance de sa gloire (voir Ha 2:14). Christ désire que nous soyons, en tant que membres de son corps, premièrement « remplis jusqu'à toute la plénitude de Dieu » (Ep 1:23), pour pouvoir reprendre et compléter le mandat d'origine donné à Adam et Ève de remplir la terre et de l'assujettir (voir Ge 1:28).

La transformation ultime

Le plan, avec la création, était d'établir une habitation sur la terre où Dieu aurait partagé son autorité avec des gens créés à son image. Le plan, avec le salut, est de nous ramener au mandat d'origine pour que nous le complétions enfin. Jésus n'est pas venu nous ouvrir une sortie de secours pour nous enfuir de la terre, mais pour nous donner la puissance de prendre les commandes et voir son royaume établi au travers de nous (nous discuterons de cela aux chapitres 8 et 9). Ceci appelle à une transformation radicale de tous les aspects de la société. Tout ce qui concerne notre vie collective (nos sociétés et cultures) et notre relation avec la nature doit venir s'aligner avec le plan divin. Voilà la tâche qui est toujours devant nous en tant qu'église jusqu'à ce que nous voyions que « le royaume du monde est remis à notre Seigneur et à son Christ » (Ap 11:15). Voilà le mandat apostolique.

L'ENVOI APOSTOLIQUE

Celui qui envoie

Jean, le disciple que Jésus aimait, semblait comprendre mieux que quiconque la nature apostolique de la relation que le Père partageait avec son Fils. Ses écrits sont remplis des révélations les plus profondes et sacrées sur cette union.

La façon dont on fait référence à quelqu'un, le nom qu'on utilise pour le faire ou les attributs qu'on attache à ce nom donnent souvent des indices importants sur la définition qu'on accorde à la nature de la personne dont on parle, et comment on se positionne face à cette même personne.

Dans l'évangile de Jean seulement, quand Jésus parle de son Père, il utilise des expressions comme « le Père qui m'a envoyé », et « celui qui l'a envoyé » à plus de vingt reprises. Par exemple, dans Jean 5:37 : « Et le Père qui m'a envoyé a rendu lui-même témoignage de moi. » Nous comprenons que pour Jésus, le Père n'est pas seulement le Père, mais *le Père qui l'a envoyé*. Le verbe qui est ici utilisé pour *envoyé* est *pempo*, un synonyme d'*apostello* que nous pouvons voir dans le verset qui le précède : « Car les œuvres que le Père m'a donné d'accomplir, ces œuvres mêmes que je fais, témoignent de moi que c'est le Père qui m'a envoyé [apostello]. » (Jn 5:36) Un autre exemple se trouve dans Jean 16:5, où Jésus parle de son départ prochain : « Maintenant je m'en vais vers *celui qui m'a envoyé*, et aucun de vous ne me demande : Où vas-tu? » (C'est nous qui soulignons.) Une fois de plus, nous voyons que, quand Jésus veut parler de son Père, il choisit de l'inscrire dans la dimension apostolique et l'appelle *celui qui m'a envoyé*.

Celui qui est envoyé

Ayant vu que Jésus appelait son Père *celui qui envoie*, il n'est pas étonnant de découvrir qu'il a aussi fait référence à lui-même de la même façon – c'est-à-dire *celui qu'il a envoyé*. Quand nous ajoutons à Jean 5:37 le verset 38, nous voyons Jésus mettre les deux ensemble :

Et le Père *qui m'a envoyé* a rendu lui-même témoignage de moi. Vous n'avez jamais entendu sa voix, vous n'avez point vu sa face, et sa parole ne demeure point en vous, parce que vous ne croyez pas à *celui qu'il a envoyé* [*apostello*]. (C'est nous qui soulignons.)

Ceci se retrouve aussi dans Jean 6:29 : « Jésus leur répondit : L'œuvre de Dieu, c'est que vous croyiez en celui qu'il a envoyé [apostello]. »

PÈRE ET FILS LIÉS PAR L'UNITÉ APOSTOLIQUE

Bien des choses pourraient être dites sur l'unité du Père et du Fils. La relation qu'ils partagent est une clé vitale pour l'ensemble du plan de rédemption qui continue de se déployer. Cette unité est si profonde qu'à l'heure où Jésus s'approchait de la croix, Jean dit : « … son heure était venue de passer de ce monde au Père » (Jn 13:1). Jésus quittait un *lieu* pour aller vers une *personne*, il laissait le monde créé pour retourner vers le Créateur.

En Jean 7:33-34, Jésus l'explique ainsi :

Je suis encore avec vous pour un peu de temps, puis *je m'en vais vers celui qui m'a envoyé*. Vous me chercherez et vous ne me trouverez pas, et vous ne pouvez venir *où je serai*. (C'est nous qui soulignons.)

En d'autres termes, il disait que le lieu où il allait n'était pas un endroit mais une personne, et que cette personne était *celui qui l'avait envoyé*. Il dit : « Maintenant je m'en vais vers celui qui m'a envoyé. » (Jn 16:5) C'est tout à fait clair si l'on considère que Jésus est venu, non d'un lieu, mais du Père :

Je suis sorti du Père, et je suis venu dans le monde; maintenant je quitte le monde, et je vais au Père. (Jn 16:28)

Jésus est *venu* du Père et est *retourné* au Père. Qu'y avait-il entre ces deux états? Sa mission apostolique : venir dans le monde et quitter le monde. Une saison apostolique a été insérée dans la demeure intemporelle du Père et du Fils, et greffée à eux. Tout comme le Fils de Dieu s'est fait chair, l'éternité a accepté le temps. L'envoi apostolique est un mouvement dynamique qui lie le ciel et la terre en une destinée divine.

La dimension apostolique, avec la dynamique de l'envoi, est ainsi devenue partie intégrante de l'unité du Père et du Fils. C'est pourquoi Jésus dit que si nous croyons en lui, nous ne croyons pas seulement en lui mais aussi en celui qui l'a *envoyé* (voir Jn 12:44), et qu'en le voyant, nous voyons en fait celui qui l'a *envoyé* (voir Jn 12:45).

Le verset qui vient vraiment clore toute la question est Jean 17:21 :

Que tous soient un, comme toi, Père, tu es en moi, et comme je suis en toi, afin qu'eux aussi soient un en nous, pour que le monde *croie que tu m'as envoyé*. (C'est nous qui soulignons.)

Comme il est rapporté dans Jean 17, Jésus, dans les derniers moments avant d'être arrêté, a prié cinq fois pour notre unité. Sa prière était que notre unité suive le modèle de l'unité qu'il partageait avec son Père. Mais, ce qui pour moi est extraordinaire, c'est le but de cette unité : que le monde croie que le Père l'a envoyé!

À d'autres occasions, Jésus a mentionné que nous devions croire en celui que Dieu avait envoyé (voir Jn 6:29), au Fils de Dieu (voir Jn 9:35), ou simplement en lui. Mais en Jean 17:21 (et aussi au verset 23), au moment de la plus profonde révélation de l'unité qu'il avait avec son Père, il a prié que cela amène le monde à croire que le Père l'avait envoyé.

C'est comme si Jésus disait que si nous voulons le connaître dans toute la profondeur de son union avec le Père, nous devons avoir une révélation de la mission qui les liait ensemble dès la fondation du monde (voir Ap 13:8). Nous ne pouvons séparer Jésus de la mission apostolique qu'il a reçue du Père.

LES DYNAMIQUES DE NOTRE ENVOI

Dès que nous saisissons l'unité du Père et du Fils, nous réalisons que la Grande Commission (voir Mt 28:16-20) n'est pas simplement un lancement dans l'action mais aussi une invitation à une relation et à un partenariat. Tout comme Jésus a été envoyé, nous aussi sommes envoyés de la même manière :

> Comme tu *m'as envoyé* [*apostello*] dans le monde, je *les ai aussi envoyés* [*apostello*] dans le monde. (Jn 17:18, c'est nous qui soulignons.)

En d'autres termes, si je pouvais paraphraser, Jésus disait au Père : « Comme tu *m'as fait apôtre, je les ai fait apôtres* pour le monde. » Et de même que la dynamique de l'envoi, ou le principe apostolique, lie ensemble le Père et le Fils, elle nous lie aussi à Jésus, et par Jésus, au Père :

> En vérité, en vérité, je vous le dis, celui qui reçoit celui que j'aurai envoyé me reçoit, et celui qui me reçoit, reçoit celui qui m'a envoyé. (Jn 13:20)

Les implications de cette déclaration sont extraordinaires. Quand Philippe lui demande de leur montrer le Père, Jésus répond :

> Celui qui m'a vu a vu le Père; comment dis-tu : Montrenous le Père? Ne crois-tu pas que je suis dans le Père, et que le Père est en moi? (Jn 14:9-10)

Puis un peu plus loin dans la conversation, Jésus dit à ses disciples que le jour viendrait où nous réaliserions que non seulement il est en son Père, mais que nous sommes en lui (Jésus) et lui en nous (voir Jn 14:20). Encore plus, comme le Fils est en nous, le Père est aussi présent, et ils viendront faire leur demeure chez nous (voir Jn 14:23).

Si le résultat de l'union du Père et du Fils était qu'en voyant

Jésus on voyait le Père, alors le résultat de notre union avec Jésus doit être que quiconque nous regarde voit aussi Jésus. L'église apostolique du XXIe siècle commence à connaître la présence de Dieu de façon si profonde que nous pourrons répondre à ceux qui doutent encore : « Comment pouvez-vous dire : Montrez-nous Jésus? Celui qui a vu l'église a vu Jésus. »

LA PROVISION APOSTOLIQUE : FUSION AVEC CELUI QUI ENVOIE

Manger est un plaisir merveilleux. Je me souviens de l'époque où nos deux fils n'étaient que de petits garçons, Un jour je les amenais à la pêche, et avant de partir Marie nous avait placé un petit lunch dans un sac que le plus jeune apporta dans le bateau comme un trésor. Nous venions de laisser le quai, le chalet était encore visible derrière nous, quand j'ai entendu une voix enthousiaste derrière moi qui demandait : « Est-ce que c'est le temps de manger notre petit lunch, Papa? »

La provision vient avec l'envoi. La vérité est que personne ne peut travailler indéfiniment sans manger. Nos réserves finissent éventuellement par disparaître, nos forces diminuent, notre ventre commence à faire mal, et nous montrons notre côté bougon. Nous sommes venus dans ce monde déjà équipés pour produire de l'énergie. Tout ce dont nous avons besoin pour faire fonctionner le système est une consommation régulière de nourriture appropriée.

Lorsque ses disciples le pressaient de manger, Jésus leur dit : « J'ai à manger une nourriture que vous ne connaissez pas. » (Jn 4 :32) « Jésus leur dit : Ma nourriture est de *faire la volonté de celui qui m'a envoyé*, et d'accomplir son œuvre. » (Jn 4:34, c'est nous qui soulignons.) Ceci nous donne une perspective intéressante sur la provision apostolique. Jean 6:57 va encore plus loin :

Comme le Père qui est vivant m'a envoyé, et que je vis par le Père, ainsi celui qui me mange vivra par moi.

Permettez-moi de proposer ma propre version amplifiée :

> Comme le Père qui est vivant [*zao*] m'a envoyé [envoi apostolique – *apostello*] et que je vis [*zao*] *par* [provision apostolique] le Père, ainsi celui qui me mange [mange ma chair et boit mon sang] vivra [*zao*] *par* [provision apostolique] moi.

La chair et le sang de Jésus sont une véritable nourriture, et en s'alimentant avec cette provision apostolique, en demeurant et continuant de demeurer en lui, nous faisons l'expérience d'une fusion de vie avec celui qui nous a envoyés. La vie du Père, qui se déverse dans le Fils qu'il a envoyé et le nourrit, produit la vie du Fils qui se déverse en nous et nous nourrit.

LA SOURCE DE L'AUTORITÉ APOSTOLIQUE

Il n'y a en définitive qu'une seule question qui doive être résolue sur la terre : « Qui a l'autorité, ici? » Toutes les autres questions trouvent leur réponse en celle-ci. C'est la question que nos ennemis évaluent tout de suite lors de toute nouvelle confrontation. C'est la question qui préoccupe tout le monde dès qu'une crise surgit. Alors, qui est responsable?

Dans un monde créé, la source ultime d'autorité doit par nécessité provenir de l'extérieur, d'un créateur qui a amené cette création à l'existence. Je dis la source ultime ou la source d'origine, parce que toute autorité qui ne provient pas de cette source est condamnée à se dessécher et à être remplacée – ou contestée et enlevée. C'est le problème auquel le diable fait face et la raison qui explique pourquoi le temps qui lui reste dans ce monde est limité.

Jésus, par contre, partage l'autorité apostolique avec la source originale, et c'est pourquoi son royaume ne connaîtra pas de fin (voir Ap 11:15). Il a établi clairement qu'il ne venait pas de ce monde mais d'en haut (voir Jn 8:23). Sa source provenait d'un domaine plus élevé, et il agissait dans un alignement complet avec elle : « Mais celui qui m'a envoyé est vrai, et ce que j'ai entendu de lui, je le dis au monde. » (Jn 8:26)

Le modèle apostolique peut se résumer à ceci : une parole envoyée du ciel qui entraîne la terre à s'aligner avec lui. Quiconque est porteur de cette parole est porteur d'autorité. C'est une parole qui ébranle et qui façonne. Elle déclare : « sur la terre comme au ciel » (Mt 6:10). Jésus était l'incarnation de la parole et, avant de quitter, il a donné à ses apôtres les paroles (*rhema*) de la vie éternelle (voir Jn 6:68) qu'il avait reçues de son Père, s'assurant qu'ils continueraient sa mission apostolique avec la même autorité qu'il avait lui-même exercée :

> Maintenant ils ont connu que tout ce que tu m'as donné vient de toi. Car je leur ai *donné les parole*s [*rhema*] *que tu m'as données*, et ils les ont reçues, et ils ont vraiment connu que je suis sorti de toi, et ils ont cru que tu m'as envoyé. (Jn 17:7-8, c'est nous qui soulignons.)

C'est en vertu du transfert de cette parole que nous avons l'autorité *d'aller par tout le monde, et prêcher la bonne nouvelle à toute la création* (voir Mc 16:15). Paul comprenait cette question quand il a écrit : « Et comment y aura-t-il des prédicateurs, s'ils ne sont pas envoyés [*apostello*]? selon qu'il est écrit : Qu'ils sont beaux les pieds de ceux qui annoncent la paix, de ceux qui annoncent de bonnes nouvelles! » (Ro 10:15) Ceux qui sont envoyés envahir, occuper et transformer sont unis au Père, soutenus par sa provision, et avancent avec son autorité déléguée.

Maintenant, examinons la stratégie de base que Jésus et Paul ont tous deux établie pour remplir leurs mandats apostoliques.

UN APÔTRE ENTOURÉ D'UNE ÉQUIPE

Jésus

Lorsqu'on veut lancer une invasion contre un territoire ou une nation quelconques, la première chose à faire est de lever une équipe ou des troupes pour la dite opération. Selon la tâche à accomplir, cette équipe variera en composition et grosseur, mais il ne saurait y avoir d'espoir de succès sans équipe.

Pour Jésus, même s'il était venu du ciel et qu'il avait été envoyé par le Père, qu'il était rempli du Saint-Esprit et qu'il avait l'autorité et une vision claire, la formation d'une équipe était une priorité. C'était si important qu'avant de choisir douze hommes pour constituer le noyau du groupe de disciples qui avaient commencé à le suivre, Jésus passa toute la nuit à prier (voir Lc 6:12-13). En choisissant les disciples, il voulait établir une base relationnelle qui serait un prototype pour les futurs ministères apostoliques et une unité fonctionnelle capable de réaliser le mandat d'établir le royaume de Dieu sur la terre. Je tire ceci de Marc 3:14-15 :

> Il en établit douze, pour les avoir avec lui [base relationnelle], et pour les envoyer prêcher avec le pouvoir de chasser les démons [capacité fonctionnelle].

Nous voyons en Luc 8:1 que ces douze apôtres ont voyagé avec Jésus de ville en ville où il prêchait la bonne nouvelle du royaume de Dieu. Mais les deux prochains versets nous montrent qu'il y avait aussi plusieurs femmes avec l'équipe, supportant Jésus de leurs propres biens. Ce passage, et d'autres encore, nous permettent de voir que tandis que les douze sont sans aucun doute les personnages principaux entourant Jésus, l'équipe est en fait à diverses périodes plus large que cela et accueille des gens qui ne sont pas nécessairement des apôtres, mais qui contribuent néanmoins de façon importante au ministère. C'est pourquoi je crois qu'il est plus exact de parler d'une équipe apostolique entourant Jésus que d'une équipe d'apôtres. C'est la terminologie que j'ai adoptée pour ce livre, et elle convient aussi très bien aux équipes que Paul développera.

Paul

Paul est certainement l'un des apôtres se qualifiant pour ce dont Éphésiens 2:20 parle. Il a joué un rôle important dans l'édification de l'église sur la pierre angulaire. Si je pouvais m'avancer, je dirais que Jésus a établi le modèle initial, l'église de Jérusalem a représenté la phase intermédiaire, et Paul l'a amené au prochain niveau. Mais quand il a commencé, je suis certain que Paul n'avait aucune idée de ce que tout cela deviendrait.

Barnabas fut le premier à voir le potentiel extraordinaire de Paul. Il alla à Tarse le chercher et le ramena à Antioche, où ils enseignèrent ensemble dans l'église pendant toute une année.

C'est à cette église que Paul et Barnabas furent mis à part, selon la requête du Saint-Esprit (voir Ac 13:1-3) et envoyés pour inaugurer la nouvelle ère apostolique dont nous lisons le récit dans le reste du livre des Actes. Paul savait seulement que le Saint-Esprit l'envoyait prêcher avec Barnabas, mais ils finirent par fonder des communautés de croyants et établir des anciens. Puis ils retournèrent se rapporter à Antioche, leur station de base d'où ils avaient été envoyés. Après y être resté un bout de temps, Paul entreprit un autre voyage, cette fois accompagné de Silas, un prophète.

En bref, au gré des villes et des trajets, des équipes apostoliques, avec Paul, établirent partout des nouvelles communautés de croyants. Ces équipes agissaient avec la grande flexibilité qui est si caractéristique des nouvelles outres. Ils reliaient les églises nouvellement formées dans des réseaux, et dans les endroits qui étaient plus stratégiques, Paul restait plus longtemps pour établir des centres apostoliques. Ce modèle initial est celui que nous voyons le Saint-Esprit réactiver aujourd'hui.

APÔTRES, ÉQUIPES, CENTRES, RÉSEAUX

Quand la Nouvelle réforme apostolique a débuté au milieu des années 1990, l'attention était principalement mise sur la restauration du ministère et de la personne de l'apôtre. Ce que les gens ne réalisaient pas au début c'est que les apôtres n'arrivent pas seuls. Ils s'entourent habituellement d'équipes apostoliques, établissent des centres apostoliques et dirigent des réseaux apostoliques. C'est en résumé ce que nous avons découvert à Le Chemin durant le parcours de deux ans qui nous a fait vivre la transition complète d'une église traditionnelle à un centre apostolique.

Dans le prochain chapitre, nous examinerons plus en détails le modèle apostolique que nous voyons dans les Actes et, au chapitre 4, je vous conduirai pas à pas au travers de notre processus de transition. Vous y gagnerez une meilleure compréhension de l'importance de l'émergence des centres apostoliques aujourd'hui; pour ceux d'entre vous qui avez reçu un appel apostolique, vous y trouverez des instructions pour vous guider dans vos progrès.

CHAPITRE 3
Découvrir les centres apostoliques

L'ÉGLISE DE JÉRUSALEM

Un modèle dans le ciel

Les deux années de notre transition apostolique furent 2010 et 2011. Je suis un des ces leaders qui demandent au Seigneur un thème pour chaque nouvelle année. Pour 2010, le thème que j'avais reçu était *Le royaume des cieux est proche* (voir Mt 10:7). Mon cœur était affamé de voir l'église vivre une vie qui s'aligne de plus près avec ce que Jésus prêchait et démontrait : « Guérissez les malades, ressuscitez les morts, purifiez les lépreux, chassez les démons. Vous avez reçu gratuitement, donnez gratuitement. » (Mt 10:8) Ceci m'amena à penser que si Jésus disait que le royaume des cieux était proche, il devait y avoir un modèle dans le ciel qu'il désirait voir reproduire ici sur la terre, et que notre mandat était de continuer ce même travail qu'il avait commencé. Tout comme Moïse avait reçu l'ordre de bâtir le tabernacle d'après le modèle qui lui avait été montré sur la montagne, il devait y avoir un modèle que Jésus désirait voir son église incarner.

Un modèle sur la terre

Au cours de l'année, je me suis mis à examiner le modèle original de l'église, tel que rapporté dans le livre des Actes. Nous avons passé beaucoup de temps à étudier et revoir les premiers chapitres, en nous concentrant sur la description de la première église telle que décrite dans Actes 2:41-47. Dans ce passage, le verset 42 nous est devenu fondamental avec ses quatre piliers pour l'église :

> Ils persévéraient dans l'enseignement des apôtres, dans la communion fraternelle, dans la fraction du pain, et dans les prières.

Ce que je voulais vraiment, c'était découvrir quel type de communauté l'église devait s'efforcer de devenir. Mon raisonnement était que si nous pouvions revenir au modèle original, nous remplirions les conditions pour que la présence de Dieu habite pleinement parmi nous, ce qui, en retour, nous permettrait de connaître le type de vie d'église que nous trouvons dans les Actes. Alors, semaine après semaine, nous avons étudié le modèle de la première église de Jérusalem, inspirés par la fin du chapitre 2 qui raconte : « Et le Seigneur ajoutait chaque jour à l'Eglise ceux qui étaient sauvés. » (Ac 2:47)

Vers la fin de l'année, je poussai ma lecture un peu plus loin pour découvrir l'église d'Antioche. J'avais déjà lu tout le livre des Actes à plusieurs reprises cette année-là – sans parler des années précédentes – mais cette fois, quand j'arrivai au chapitre 13, je vis pour la première fois l'importance énorme de la transition qui y est racontée et comment, à partir de l'envoi initial de Paul et Barnabas, le reste du récit des Actes était une explosion marquée par l'expansion apostolique. Nous n'en avions certainement pas fini avec ce livre !

DE JÉRUSALEM À ANTIOCHE

Le thème pour 2011 était *Retour aux Actes*. Ayant passé une bonne partie de 2010 dans Actes 2:41-47, nous avions acquis une image claire des dynamiques internes d'une communauté remplie de l'Esprit. Nous pratiquions une communion fraternelle authentique depuis des années, nous nourrissant des enseignements des apôtres (la parole de Dieu), avec de la prière et des louanges passionnées, tout en gardant centrales la mort et la résurrection de Jésus. Cependant, l'étude de la première église à Jérusalem vint cristalliser pour nous ce qu'une base saine devait être – une église nucléaire de croyants, une maison spirituelle où nous nous aimons les uns les autres tout en aimant le Seigneur. Maintenant que cette fondation solide avait été confirmée, le Seigneur ouvrait nos yeux sur la prochaine phase de développement qui s'était déroulée dans l'église d'Antioche. À partir de là, nous avons progressé pas à pas durant toute l'année dans une découverte de ce qu'étaient les équipes apostoliques et les centres apostoliques. En fait, dès mon premier message de l'année à la congrégation, j'ai annoncé qu'en 2011 nous voulions devenir, comme Antioche, une base apostolique.

La transition d'Actes 13

Ce que je voyais dans le chapitre 13 c'était le Saint-Esprit qui intervenait de façon souveraine afin de changer la direction de l'église pour toujours :

> Pendant qu'ils servaient le Seigneur dans leur ministère et qu'ils jeûnaient, le Saint-Esprit dit : Mettez-moi à part Barnabas et Saul pour l'œuvre à laquelle je les ai appelés. (Ac 13:2)

C'était là un moment marquant de l'histoire de l'église primitive. À compter de cet événement, le visage de l'église allait changer, et un nouveau plan stratégique de développement allait naître, accompagné d'une nouvelle méthodologie. Je devins fasciné par le récit des voyages apostoliques et de la vie exubérante qui se manifestait chez les premiers croyants dans un nombre toujours grandissant de villes où l'évangile était prêché, et des congrégations établies.

Le rôle spécial et la position de l'église d'Antioche ressortait avec tant de clarté! Il y avait une nouvelle dynamique à l'œuvre que je n'avais pas vue dans l'église de Jérusalem. D'Antioche, Paul et Barnabas avaient été *envoyés* par le Saint-Esprit; Antioche était une base d'envoi. Le Saint-Esprit avait envoyé les deux apôtres par l'intermédiaire des leaders de l'église, qui leur avaient d'abord imposé les mains (voir Ac 13:3); ceci établit le modèle sur la façon de mettre à part des gens pour les envoyer faire le ministère. Après que Paul et Barnabas eurent complété leur travail, ils étaient revenus à Antioche, avaient convoqué l'église, et raconté « tout ce que Dieu avait fait avec eux, et comment il avait ouvert aux nations la porte de la foi » (Ac 14:27). Antioche était définitivement un nouveau type d'église, puisqu'elle envoyait des équipes en mission apostolique. Pour Paul, elle demeurerait sa première base apostolique et un modèle d'où il tirerait son inspiration pour développer des centres apostoliques forts dans d'autres régions du monde.

UN PAS EN ARRIÈRE POUR SAUTER PLUS LOIN

J'ai entendu un certain nombre de personnes dire que les Actes ne sont pas un modèle à imiter, que nous ne sommes pas appelés à retourner en arrière mais à aller de l'avant, et que ce que nous voyons dans les Actes était le point de départ et non la cible que nous devrions viser. Personnellement, je trouve ces déclarations trop générales et idéalistes pour en tirer un bienfait pratique. Elles ont peut-être le mérite de bien sonner quand on les entend pour la première fois, mais à moins de contextualiser ce qu'elles veulent dire, elles ne nous aideront pas à avancer.

Un grand projet de restauration

Dieu travaille depuis longtemps à un grand projet de restauration. Premièrement, il y a le « rétablissement de toutes choses » que Pierre mentionne dans Actes 3:21. Ceci inclut le rétablissement de l'homme et de la femme à la tête de la création et le renouvellement de la terre. Pour cette partie, le second Adam a dû retourner où le premier Adam avait jeté la serviette, s'occuper du péché originel, écraser la tête du serpent, goûter à la mort, puis entrer de nouveau dans la vie. Il vit maintenant pour toujours, et nous vivons avec lui; mais il devait d'abord retourner derrière.

Ensuite il y a le redressement de la tente de David de sa chute (voir Ac 15:16-17), puis le rétablissement du royaume d'Israël (voir Ac 1:6-7); ce sont tous des mouvements pour retourner en arrière, ramasser ce qui a été brisé, le réparer, et se remettre en marche pour accomplir le dessein originel de Dieu.

Quand nous observons la deuxième moitié de l'histoire de l'église, nous voyons aussi une restauration progressive de diverses vérités et pratiques s'échelonnant sur de longues périodes. Cette restauration s'est accélérée à notre époque. Pour n'en nommer que quelques exemples, il y a eu la restauration de la parole de Dieu entre les mains du peuple au quatorzième siècle, la restauration de la vérité du salut par la foi au seizième siècle, la restauration du baptême du Saint-Esprit au tournant du vingtième siècle, et au cours des derniers cent ans ou à peu près, la restauration – entre autres choses – du ministère de guérison, du ministère du prophète, et de celui de l'apôtre. Comme je l'ai dit, ce ne sont que quelques exemples. Je n'essaie pas d'établir ici une liste exhaustive. Je veux simplement faire ressortir que Dieu restaure ce qui est perdu avec le but de nous faire avancer.

Restaurer le christianisme apostolique

Si nous voulons participer à la restauration du christianisme apostolique, il est bon de commencer par l'étude du livre des Actes. Si nous étions plus avancés aujourd'hui que ce que nous voyons dans les Actes, il serait compréhensible que nous ne soyons pas intéressés à retourner en arrière; cependant, le fait demeure que l'église a grand besoin d'une réforme apostolique parce qu'il y a longtemps que nous nous sommes éloignés du modèle d'origine. À cause de cela, retourner derrière constitue un pas vers l'avant!

Nous avons sûrement tous déjà regardé les jeux olympiques et vu un athlète faire un petit pas vers l'arrière avant de se mettre à courir à toute vitesse pour faire un saut en longueur ou un triple saut. C'est ce que *Retour aux Actes* était pour nous à Le Chemin; nous avons fait un petit pas vers l'arrière pour sauter plus loin. Si nous voulons aller plus loin que ce que nous voyons dans les Actes et remplir le mandat apostolique de l'église, nous devons premièrement nous aligner avec le modèle original. Il y a un premier pas à faire vers l'arrière, puis une poussée vers l'avant.

Donc, pendant toute une année, nous avons vécu avec Paul et retracé nos racines en cours de route. Ce que nous avons découvert a accéléré le changement de paradigme que nous avions commencé l'année précédente. La différence que nous avons observée entre le modèle de *l'église pastorale* et le modèle du *centre apostolique* nous a conduit dans un changement radical sur la façon de voir l'église, ce qui, à son tour, nous a menés à changer nos structures gouvernementales et adopter de nouvelles pratiques dans la façon de diriger.

Examinons de plus près le tableau d'origine que nous voyons se former autour les voyages de Paul.

PREMIÈRE EXPANSION APOSTOLIQUE

Quels éléments clés pouvons-nous extraire du récit des voyages apostoliques qui se sont développés à partir d'Actes 13?

Une première base apostolique

Premièrement, nous trouvons une base apostolique initiale à Antioche. Je l'appelle base apostolique parce que sa direction comprenait les dons fondamentaux des apôtres (Paul et Barnabas) et des prophètes, et le don pastoral des docteurs (voir Ac 13:1; pour plus d'information sur les dons fondamentaux, voir Ep 2:20 et 1 Co 12:28). Je dis base initiale parce qu'elle était la première de ce type (un prototype). Le Saint-Esprit a choisi Antioche pour lancer une nouvelle phase apostolique, et pendant plusieurs années, Antioche est demeurée pour Paul la base à laquelle il revenait toujours.

Le Saint-Esprit aux commandes

Deuxièmement, nous voyons que le Saint-Esprit était aux commandes. Il était celui qui choisissait et envoyait les gens (voir Ac 13:2-4). Toute l'aventure était son initiative, et il continua de la diriger d'un bout à l'autre.

Un homme choisi

Troisièmement, il y a Paul, un homme qui se distingue parmi tous les autres. Il est la figure apostolique clé de cette histoire. Il allait de ville en ville, de région en région, prêchant la bonne nouvelle et faisant des disciples (voir Ac 14:21) parmi les Juifs et les païens. Il voyait des guérisons et des miracles, faisait face à de la résistance et à des persécutions, et démontrait une joyeuse persévérance qui nous inspire toujours deux mille ans plus tard.

Des équipes apostoliques

Quatrièmement, Paul travaillait très rarement seul; nous le voyons la plupart du temps avec des compagnons. Pour son premier voyage, il quitte avec Barnabas et Jean (voir Ac 13:5); pour son second voyage, il part avec Silas (voir Ac 15:40) et ajoute bientôt Timothée (voir Ac 16:1-3). Peu de temps après, Luc se joint à l'équipe. Comment le sait-on? C'est qu'à partir du verset dix, l'auteur du livre s'inclut soudainement dans l'histoire en utilisant le pronom *nous*. Qui était cet auteur? Luc. Dès son troisième voyage, nous voyons tout un élargissement de l'équipe apostolique que Paul dirige. Prenez Actes 20:4-6 par exemple :

> Il avait pour l'accompagner [jusqu'en Asie] : Sopater de Bérée, fils de Pyrrhus, Aristarque et Second de Thessalonique, Gaïus de Derbe, Timothée, ainsi que Tychique et Trophime, originaires d'Asie. Ceux-ci prirent les devants, et nous attendirent à Troas. Pour nous, après les jours des pains sans levain, nous nous embarquâmes à Philippes, et, au bout de cinq jours, nous les rejoignîmes à Troas, où nous passâmes sept jours.

Il y avait non seulement de plus en plus de personnes, mais nous les voyons aussi être dépêchées à des endroits différents, selon des itinéraires et des horaires différents, pour se regrouper éventuellement un peu plus loin. Nous pourrions aussi ajouter à cette liste des gens comme Priscille et Aquilas, puisqu'ils voyagèrent avec Paul de façon occasionnelle mais méritent néanmoins d'être inclus comme membres de l'équipe (voir Ac 18:1-19). En fait, comme l'œuvre se développe, il serait plus exact de parler d'équipes apostoliques au pluriel plutôt que d'une seule équipe.

La composition des équipes apostoliques comprenait une diversité de dons. Paul était le leader principal, mais il y avait aussi d'autres apôtres comme Timothée et Tite (à un certain moment les deux se virent confier la responsabilité de mettre de l'ordre dans une église, ce qui est caractéristique d'un mandat apostolique); des prophètes comme Silas, un écrivain (docteur Luc) et plusieurs autres dont les rôles ne nous sont pas clairement définis. Mais nous y voyons suffisamment de diversité pour conclure qu'une équipe apostolique est une compagnie de gens aux dons variés entourant un apôtre envoyé par Dieu dans une mission apostolique.

Des communautés de croyants

Cinquièmemement, comme Paul et ses compagnons allaient de ville en ville, ils organisaient les nouveaux croyants en communautés. Les gens n'étaient pas seulement sauvés *de* quelque chose mais aussi *dans* quelque chose. On les ajoutait à une famille spirituelle.

Quand le temps venait pour Paul de continuer vers d'autres villes ou de retourner à Antioche, il cherchait des gens démontrant assez de maturité pour se voir confier la charge de veiller sur les églises nouvellement formées. Par exemple, à la fin de son premier voyage, lorsqu'il repassa avec Barnabas par Lystre, Icone et Antioche de Pisidie, ils fortifièrent les disciples qu'ils avaient faits lors de leur premier passage et « désignèrent des anciens dans chaque Église » (Ac 14:23).

Des centres apostoliques

Sixièmement, dans certaines villes comme Corinthe et Éphèse, Paul s'installa jusqu'à trois ans et conduisit les églises au-delà des étapes initiales, les développant en centres apostoliques qui gagnèrent de l'influence sur de vastes provinces.

Des réseaux apostoliques

Septièmement, toutes ces églises et ces centres apostoliques étaient reliés dans des réseaux relationnels que Paul continuait de nourrir par ses visites, par des membres de son équipe qu'il envoyait ou par des lettres (rappelez-vous qu'à cette époque, une lettre était un précieux document).

En bref

Dans la deuxième partie du livre des Actes, nous voyons comment des centres apostoliques furent développés comme véritables bases d'opération; de ces bases, les apôtres et leurs équipes allaient fonder de nouvelles communautés de croyants dans le monde entier. Ces nouvelles communautés restaient en relation grâce à des réseaux organiques et avaient un impact formidable sur la société, libérant une grande puissance de transformation.

Pourquoi en serait-il autrement dans l'église aujourd'hui?

DEUX TYPES DE GOUVERNEMENT

Le modèle traditionnel que nous avons aujourd'hui comme gouvernement de l'église locale est soit un conseil d'anciens (ou de diacres) qui dirige la congrégation avec autorité sur le pasteur, soit un pasteur agissant comme leader principal de la congrégation, partageant le pouvoir avec un conseil d'anciens (ou de diacres) qui s'assure qu'il n'utilise pas son autorité de manière incorrecte. D'accord, ma présentation est bien sûr trop simpliste, mais en même temps, je peux facilement imaginer plusieurs d'entre vous en train de hocher la tête en souriant. Mais ce modèle est-il conséquent avec ce que nous voyons dans les Actes? Jetons un coup d'œil au rôle des anciens.

Les anciens dans les Actes

Actes 20 est un bon endroit où commencer l'examen. Paul était à Éphèse depuis trois ans (voir Ac 20:31) quand une situation de crise le força à partir brusquement; il rassembla rapidement les disciples, leur fit ses salutations, puis partit pour la Grèce (voir Ac 20:1-2). Il passa l'hiver à Corinthe et recommença ensuite à voyager. Quand il passa par Milet, il demanda aux anciens d'Éphèse de venir le rencontrer. Éphèse était à environ 30 ou 50 kilomètres de là, mais les anciens n'avaient pas vu Paul depuis un an et ils firent le trajet avec joie. Le temps qu'ils passèrent avec Paul est rapporté dans les versets 18 à 38.

Une bonne question à se poser serait la suivante : *à quel moment ces anciens furent-ils mis en place?* À partir d'Actes 14:23, nous voyons Paul et Barnabas, deux apôtres, établir des anciens dans les églises qu'ils avaient fondées. Les anciens n'étaient pas élus par la congrégation; ils étaient établis par des apôtres. Donc Paul pourrait avoir établi des anciens à Éphèse aussi, mais la chose ne nous est pas rapportée. Quand il quitta pour la Grèce, ce sont les disciples qu'il rassembla – aucune mention d'anciens à ce moment-là (voir Ac 20:1-2). S'ils étaient déjà en place, Paul était-il trop pressé pour demander une rencontre officielle des anciens à la dernière minute? Nous ne savons pas. Mais ce qui est certain, c'est qu'à son retour, un an plus tard, il y avait des anciens.

Une des possibilités est qu'avant de rejoindre Paul en Grèce, Timothée, qui pouvait être récemment de retour de la Macédoine (voir Ac 19:22), soit resté pour quelques mois à Éphèse et ait lui-même établi des anciens. Certains commentateurs de la Bible croient que c'est à cela que la première lettre à Timothée fait référence quand Paul écrit : « Je te rappelle l'exhortation que je t'adressai à mon départ pour la Macédoine, lorsque je t'engageai à rester à Éphèse... » (1 Ti 1:3), et lui donne ensuite des instructions concernant la mise en place d'anciens. La plupart des commentateurs, cependant, sont plutôt d'avis que cette lettre fut écrite plus tard, après le premier emprisonnement de Paul à Rome, auquel cas il s'agirait d'anciens supplémentaires que Timothée aurait établis au moment de la lettre.

Poursuivant sur la question du moment où les anciens étaient établis dans l'église primitive, nous pouvons aussi mentionner ce que Paul écrit à Tite : « Je t'ai laissé en Crète, afin que tu mettes en ordre ce qui reste à régler, et que, selon mes instructions, tu établisses des anciens dans chaque ville. » (Tit 1:5) Nous en arrivons à l'évidence historique que dans certaines églises les anciens étaient établis très tôt tandis que dans d'autres églises il s'écoulait quelques années avant de le faire. Et dans d'autres églises encore, comme à Corinthe, les anciens ne sont même jamais mentionnés, bien que les disciples y aient été exhortés à avoir de la déférence pour la famille de Stéphanas, possiblement un ancien (voir 1 Co 16 :15-16). Quels facteurs déterminaient si les anciens étaient établis au début ou plus tard? J'en vois principalement un : si l'apôtre fondateur restait ou s'en allait. Ce point est important. Nous y reviendrons sous peu.

Anciens, évêques, pasteurs

Retournons premièrement à la dernière visite de Paul à Éphèse. Dans Actes 20:17, Paul envoie chercher les *anciens* de l'église, et quand ils arrivent, il les appelle *évêques* et leur dit qu'ils ont été choisis pour *paître* l'église :

> Prenez donc garde à vous-mêmes, et à tout le troupeau sur lequel le Saint-Esprit vous a établis évêques, pour paître l'Eglise de Dieu, qu'il s'est acquise par son propre sang. (Ac 20:28)

Donc, les termes *anciens et évêques* sont interchangeables et désignent ceux qui ont été établis par le Saint-Esprit pour paître l'église – ou en être les pasteurs. Que comprenait ce mandat des anciens de paître l'église? Principalement trois choses : prendre soin de l'œuvre qui avait été établie, nourrir le troupeau et protéger les croyants de l'ennemi. Ce mandat pastoral devait être rempli dans la plus stricte observation des enseignements fondamentaux donnés par les apôtres. À titre de référence :

> Je sais qu'il s'introduira parmi vous, après mon départ, des loups cruels qui n'épargneront pas le troupeau, et qu'il s'élèvera du milieu de vous des hommes qui enseigneront des choses pernicieuses, pour entraîner les disciples après eux. Veillez donc, vous souvenant que, durant trois années, je n'ai cessé nuit et jour d'exhorter avec larmes chacun de vous. (Ac 20:29-31)

> Car il faut que l'évêque soit irréprochable, comme économe de Dieu…attaché à la vraie parole telle qu'elle a été enseignée, afin d'être capable d'exhorter selon la saine doctrine et de réfuter les contradicteurs. (Tit 1:7-9)

> Voici les exhortations que j'adresse aux anciens qui sont parmi vous… Paissez le troupeau de Dieu qui est sous votre garde, non par contrainte, mais volontairement, selon Dieu; non pour un gain sordide, mais avec dévouement; non comme dominant sur ceux qui vous sont échus en partage, mais en étant les modèles du troupeau. (1 Pi 5:1-3)

Nulle part ne voyons-nous des anciens ou des pasteurs implanter de nouvelles églises ou conduire des églises existantes dans des développements majeurs. Ce mandat appartenait aux apôtres travaillant avec des équipes apostoliques. Les pasteurs sont établis pour garder, donner des soins, et protéger; les apôtres sont envoyés pour envahir, occuper et transformer.

Les églises pastorales

Lorsque Paul fondait une nouvelle église, il est clair qu'aussi longtemps qu'il y restait avec son équipe, la question de savoir qui dirigeait ne se posait pas. L'apôtre assurait la direction. Ce n'est que lorsqu'il s'apprêtait à partir qu'il établissait des anciens ou des pasteurs pour prendre soin de l'œuvre qu'il avait fondée. Dans ce cas, l'église passait du stade initial de la fondation apostolique à celui de la gouvernance des anciens, c'est-à-dire qu'elle était maintenant dirigée par une équipe d'anciens ou de pasteurs. J'appelle ce modèle *l'église pastorale*.

La plupart des églises que Paul a fondées étaient des églises pastorales ou, comme nous les appelons communément aujourd'hui, des *églises locales*. Mais contrairement à l'image traditionnelle à laquelle nous sommes habitués aujourd'hui, ces églises demeuraient alignées avec l'apôtre, qui gardait le contact avec elles par le biais de membres de son équipe mobile, de lettres ou de visites occasionnelles. Dans certains cas, Paul envoyait un des apôtres qu'il avait formés travailler pendant une saison avec les anciens d'une église et mettre différentes choses en ordre. Tite en Crête en est un bon exemple, de même que Timothée à Éphèse.

Le plan original pour les églises pastorales était qu'elles demeurent sainement alignées avec la direction apostolique. Malheureusement, au cours des siècles, comme le ministère apostolique a disparu du tableau normal de l'église, nous nous sommes retrouvés avec un système ecclésial qui ne conserve qu'une fraction de la puissance de transformation qu'il devait avoir. Ceci ne veut pas dire que nous ne trouvons pas d'extraordinaires pasteurs dans les églises locales traditionnelles d'aujourd'hui, mais que la vieille outre qui a prévalu jusqu'à maintenant n'a pas été propice à l'atteinte de notre plein potentiel d'origine. C'est pourquoi les églises locales traditionnelles ont tant besoin de la réforme dont nous parlons dans ce livre, que ce soit pour leur transformation en centres apostoliques ou leur alignement avec des réseaux apostoliques du XXIe siècle.

Les centres apostoliques

Tandis que le nombre d'églises pastorales continuait d'augmenter partout, il y avait certaines villes où Paul choisissait de s'établir et de rester. Il devenait alors apôtre résident et dirigeait directement les opérations assez longtemps pour développer un autre type d'église, une église avec une structure et un gouvernement apostoliques. Dans ce cas, le gouvernement de l'église n'était pas constitué d'anciens mais plutôt d'une équipe apostolique exerçant plusieurs dons et dirigée par un apôtre. J'appelle ce modèle le *centre apostolique.*

Corinthe et Éphèse sont deux bons exemples de centres apostoliques; poursuivant sur le modèle d'Antioche, Paul les établit comme centres de ressources pour l'ensemble de leurs provinces. Par exemple, à partir de la base qu'il avait développée à Éphèse, Paul fut en mesure d'atteindre toute l'Asie : « Tous ceux qui habitaient l'Asie, Juifs et Grecs, entendirent la parole du Seigneur. » (Ac 19:10) Ceci fut plus loin confirmé par un nommé Démétrius, qui se plaignait que son entreprise idolâtre était menacée de voir ses revenus diminuer à cause de l'influence de Paul « non seulement à Éphèse, mais dans presque toute l'Asie » (Ac 19:24-26). Dieu faisait aussi des miracles extraordinaires par le biais de Paul à Éphèse; les malades étaient guéris et des esprits malins quittaient les gens (voir Ac 19:11-12). L'activité spirituelle qui se dégageait de ce centre apostolique eut comme résultat de transformer la façon de vivre de larges segments de la population, qui fit des confessions publiques et brûla des masses de livres de sorcellerie (voir Ac 19:18-19).

Corinthe, où Paul passa un an et demi, tenait un rôle central dans la province d'Achaïe. Quand Paul salua l'église en 2 Corinthiens 1:1, il salua aussi « tous les saints qui sont dans toute l'Achaïe ». Puis, quand il demanda aux saints de l'église de Corinthe de donner une offrande pour leurs frères de Judée, il leur dit clairement qu'ils représentaient l'Achaïe (voir 2 Co 9:2).

Les centres apostoliques avaient une visibilité et un impact qui les faisaient ressortir dans le paysage spirituel. Une onction apostolique s'en dégageait, générant de multiples missions, avec des équipes qui entraient et sortaient pour les affaires du royaume de Dieu, comme Timothée et Éraste qui furent envoyés d'Éphèse en Macédoine (voir Ac 19:22).

Gouvernement et croissance

Je sais que j'ai mentionné deux types de gouvernement d'église, mais il serait plus juste de dire qu'il y avait deux variations du même modèle gouvernemental. En vérité, dans les deux cas, la direction était exercée par l'apôtre : de façon directe dans les centres apostoliques, et à distance ou à l'aide d'intermédiaires dans les églises pastorales.

Une dernière chose. Même dans les cas où la responsabilité de prendre soin de l'église était confiée à des anciens (en l'absence d'un apôtre résident), il n'est jamais suggéré qu'un mode d'entretien soit devenu acceptable pour l'église. Au contraire, les églises qui ont un alignement adéquat avec un apôtre devraient connaître une croissance, des changements et des développements. Si ce n'est pas le cas, elles opèrent de façon contraire à la Grande Commission qui est de nature apostolique, et qui doit continuellement mener à de nouveaux développements. Il y a une grande différence entre garder le saint dépôt que les apôtres ont laissé et tomber en mode d'entretien. Nous n'avons pas reçu pour garder mais pour donner.

ENTRETIEN VERSUS DÉVELOPPEMENT

En étudiant Paul, l'une des choses qu'on peut constater est qu'il formait constamment d'autres leaders. L'exemple de Timothée est bien connu, ce dernier étant l'un de ceux que Paul envoyait dans de nombreuses missions. Ce principe de former les autres fut ensuite passé à Timothée pour qu'il puisse faire de même et trouver des hommes qui eux aussi en formeraient d'autres :

> Et ce que tu as entendu de moi en présence de beaucoup de témoins, confie-le à des hommes fidèles, qui soient capables de l'enseigner aussi à d'autres. (2 Ti 2:2)

C'est probablement l'une des plus importantes distinctions entre une église locale traditionnelle et un centre apostolique. Dans l'église locale, le pasteur fait le ministère à la congrégation; dans le centre apostolique, l'apôtre travaille avec son équipe à *former les saints pour qu'ils fassent le ministère* (voir Ep 4:11-12).

La pensée apostolique est constamment tournée vers l'avenir, vers le développement; la pensée pastorale est davantage axée vers le mieux-être du troupeau. Ceci, bien sûr, n'est pas une mauvaise chose en soi, en autant que les leaders pastoraux restent en relation avec des leaders apostoliques qui vont les aider à ne pas perdre de vue la vision à long terme, tout en continuant d'utiliser leurs dons de pasteurs. Pour ce qui est des apôtres, ils ont besoin d'inclure un fort contingent pastoral dans leurs équipes parce que c'est un aspect où ils sont typiquement faibles, et ils sont les premiers à l'admettre. Les deux types d'églises ont leur place : elles expriment deux priorités différentes dans le mandat global de l'église et doivent être en relation l'une avec l'autre.

Je crois qu'il serait maintenant utile de donner quelques-unes des principales caractéristiques des centres apostoliques de l'ère moderne. Ceci ne se veut pas du tout une liste complète, mais nous aidera à peindre un tableau plus clair de ce dont nous parlons et à différencier les centres apostoliques des églises locales traditionnelles. J'ai trouvé le document de Peter Wagner intitulé *Centres apostoliques* très utile, parce qu'il donnait plusieurs caractéristiques que je vais mentionner. Il a partagé cet article lors d'une session de la conférence *Head of the Year*, au centre *Glory of Zion*, en septembre 2012. Je tiens à le remercier pour son excellent travail qui a facilité le mien.

LES CENTRES APOSTOLIQUES

J'ai déjà mentionné que la priorité dans les centres apostoliques est la formation des gens pour le ministère, plutôt que sur le ministère qu'on peut leur faire. Les gens sont ainsi traités comme des disciples et non simplement comme des convertis. Ils ne sont pas formés pour se mouler aux programmes de l'église mais pour accomplir leur destinée. Cette différence est assez majeure : tandis que les convertis se rassemblent *dans* les églises locales, les centres apostoliques visent à envoyer les disciples *à l'extérieur* le plus tôt possible. Les centres apostoliques sont des tremplins pour les saints!

Tout ceci est un résultat direct du don gouvernemental de l'apôtre qui dirige le centre apostolique. Ce n'est pas qu'il ne se soucie pas des brebis! Au contraire, sa vision est de mobiliser une armée pour envahir, occuper et transformer. Il pense royaume avant congrégation, et c'est pourquoi les centres apostoliques font bien d'avoir de bons pasteurs dans l'équipe pendant que l'apôtre est constamment en train de chercher de nouvelles façons de faire avancer les choses.

Dans les centres apostoliques, les gens sont formés comme ambassadeurs du royaume sur chacune des sept montagnes d'influence dans la société, pas seulement sur la montagne de la religion. À cet effet, les centres apostoliques ne sont pas un club social mais une assemblée législative avec l'autorité d'appliquer les décrets divins sur la terre.

Ajoutons à cela qu'une culture de créativité, d'entreprenariat et de prise de risque est encouragée. On y trouve une atmosphère de liberté et d'exubérance qui se traduit par des louanges offertes avec passion devant le trône, une vie joyeuse et de puissantes prières de proclamation; les centres apostoliques sont un véritable cauchemar pour le diable! On y vit constamment en mode offensif, attaquant les forteresses du diable avec des cris de louange!

Si l'on compare la structure gouvernementale d'un centre apostolique avec celle d'une église locale traditionnelle, on y trouve des différences importantes. Dans un centre apostolique, l'apôtre est le leader. Il n'est pas un employé et, conséquemment, ne peut être congédié. Il s'entoure d'une équipe apostolique pour l'aider à faire avancer les choses et, dans son équipe, on trouve une variété de dons ministériels. Lorsque des anciens sont inclus dans la structure, ils sont là pour supporter l'apôtre et non pour le surveiller. Ceci veut-il dire que ce dernier ne rend de comptes à personne? Non, les apôtres sont redevables à d'autres apôtres. Depuis le début de la Nouvelle réforme apostolique, de plus en plus d'apôtres sont reconnus et de nombreux réseaux apostoliques sont établis, offrant une saine structure de responsabilité. Les apôtres ne sont pas autoproclamés : ils sont établis par d'autres apôtres.

Qu'en est-il des finances? Je suis certain que vous avez déjà compris que les centres apostoliques ne font pas bon ménage avec l'esprit de pauvreté. Ils préconisent des dons faits avec extravagance et croient à l'accès miraculeux aux ressources célestes; les fonds ne sont typiquement pas gardés à des fins d'entretien mais sont plutôt judicieusement affectés aux stratégies qui visent à toucher le monde extérieur.

Finalement, tandis que les églises locales font souvent partie d'une dénomination, les centres apostoliques sont habituellement alignés avec un réseau apostolique qui est d'abord et avant tout une structure relationnelle plutôt que légale. En fait, il n'est pas rare de voir un nouveau réseau apostolique se développer autour d'un centre apostolique.

Tout ceci nous donne une meilleure compréhension de ce que sont les centres apostoliques, mais ne répond pas encore à toutes les questions. Imaginons, juste pour un instant, que nous ayons eu beaucoup de temps pour dialoguer et, qu'après nos discussions, j'aie préparé une FAQ (foire aux questions). Voici ce que cela pourrait donner :

FAQ : CENTRES APOSTOLIQUES

1. Croyons-nous à l'église?

Absolument! Jésus a dit : « Je bâtirai mon église et les portes du séjour des morts ne prévaudront point contre elle. » (Mt 16:18) Et dans Actes 2:47 nous lisons : « Et le Seigneur ajoutait chaque jour à l'Église ceux qui étaient sauvés. »

2. Pourquoi utilisons-nous le terme *centre apostolique?*

Premièrement, je veux clarifier qu'un centre apostolique est une église. Pour ceux qui font partie d'un centre apostolique, c'est leur église locale. Le terme *centre apostolique* est utile pour identifier un type d'église, tandis que quand nous utilisons le terme traditionnel *église locale*, l'image qui nous vient immédiatement est celle d'une église pastorale.

3. Pourquoi ne pas simplement dire *église apostolique* au lieu de *centre apostolique*?

L'église de Jésus-Christ est apostolique de par sa nature. Donc, si nous parlons de l'église apostolique, nous devrions inclure *tous* les types d'églises. Le terme *centre apostolique* est utile pour identifier un type particulier d'église qui est directement dirigée par un apôtre.

4. Les centres apostoliques vont-ils remplacer les églises locales?

L'église locale est le terme traditionnel que nous utilisons pour les églises de type pastoral. Certaines de ces églises locales traditionnelles connaîtront une transformation pour devenir des centres apostoliques, mais certainement pas toutes. Les deux types d'églises sont nécessaires. L'une ne prend pas la place de l'autre, pas plus que les apôtres ne peuvent remplacer les pasteurs. Les différents types d'églises, tout comme les différents types de ministères, travaillent ensemble et se complètent.

5. Le centre apostolique est-il supérieur à l'église locale?

C'est dans un esprit d'humilité et de service que les diverses parties du corps de Christ fonctionnent. Il n'y a qu'une église, manifestée de diverses façons. Les centres apostoliques sont l'une des expressions de l'église de Jésus-Christ qui sert le royaume de Dieu. Un centre apostolique est une église qui est la base d'opération d'un apôtre et, pour ses membres, il est aussi une église locale. L'église locale traditionnelle est davantage de type pastoral, ce qui ne l'empêche pas d'avoir aussi certains aspects apostoliques ou prophétiques. Ce n'est pas une question de supériorité mais de diversité de ministères dans un respect mutuel.

NOTRE TRAVERSÉE

Quand nous avons commencé à examiner les débuts apostoliques dans les Écritures, nous étions une église en semi-croissance, dotée d'une vision fraîche, certainement pas en mode d'entretien, mais limitée pas une outre qui avait vieilli. Pendant près de deux ans, nous avons étudié et nous nous sommes préparés à la transition d'une église locale en centre apostolique. Jusqu'à ce moment, nous avions suivi un modèle apostolique jusqu'à un certain degré, mais sans la clarté que nous découvrions maintenant sur cette nouvelle outre. J'avais œuvré comme pasteur principal avec l'autorité d'un apôtre, entouré d'une équipe d'anciens qui me soutenait, dans un paradigme entre l'ancien et le nouveau.

Ce fut la découverte de l'église d'Antioche qui m'ouvrit réellement les yeux. Nous avions cherché des points de repère et, avec les voyages de Paul, ils nous apparaissaient finalement en pleine lumière. À la fin de la seconde année de transition, nous quittions le modèle du conseil des anciens et j'établissais une équipe apostolique pour m'aider à diriger Le Chemin, maintenant officiellement un centre apostolique. Dans le prochain chapitre, nous verrons comment nous y sommes arrivés, et comment vous pouvez aussi le faire!

CHAPITRE 4

Comment changer d'outre sans rien renverser

EXAMINEZ VOS FONDATIONS

Chaque église a une histoire (à moins que vous ne débutiez) – tenez-en compte. Pour toute transition que l'on veut faire, spécialement lorsqu'elle est radicale, il est toujours sage de trouver des points de continuité pouvant raccrocher notre futur à notre passé. Ces points d'ancrage sont peut-être peu nombreux, mais en trouver ne serait-ce que quelques-uns vaut mieux que de n'en avoir aucun. Bref, faire une bonne évaluation de notre situation nous aidera à progresser sans trébucher inutilement.

Une des choses que je découvre est que la vie est faite de cycles, que ce soit dans la nature, chez les gens, dans l'économie ou même au sein des organisations. La Bible, par exemple, rapporte comment Dieu a ordonné des fêtes autour des cycles agricoles des moissons pour nous donner une compréhension et une révélation des cycles de la vie spirituelle, comme nous le voyons dans la succession des saisons de la semence et de la récolte. La révélation progressive de Jésus se déploie selon le cycle de ces fêtes. Il vaut la peine d'être attentifs aux cycles qui nous entourent, et spécialement à ceux qui nous affectent directement.

À Le Chemin, nous avons découvert un cycle de douze ans dans nos saisons spirituelles. L'église a été fondée en 1975. Douze ans plus tard, je rencontrais le Seigneur dans cette église – il y eut cette année-là une vague de saluts de jeunes adultes et une brise fraîche qui souffla sur l'église. Douze ans plus tard, en 1999, je devenais le pasteur principal, ce qui, bien entendu, apporta un nouveau style et une nouvelle saison à l'église. Puis douze ans plus tard, en 2011, nous faisions la transition vers un centre apostolique.

Chaque changement de cycle aurait pu devenir un point de rupture mais, au lieu de cela, nous avons continué à nous développer sans division ni fracture. Je crois que la clé fut le système de valeurs que Jean-Claude et Valerie nous avaient inculqué dès le début. Quand je suis devenu le pasteur, je me suis assuré d'avancer dans la continuité de ces valeurs et, de la même façon, quand nous en sommes arrivés à la transition apostolique, ce sont ces mêmes valeurs qui nous ont gardés. Quelles sont-elles demanderez-vous? Eh bien, parmi les principales, on retrouve l'amour non négociable, la soif et la faim de la présence de Dieu, et vivre comme famille au sein de l'église. Je n'oublierai jamais certaines des paroles que le pasteur Jean-Claude a répétées au fil des années : « Je veux revenir à mon premier amour. Je cède tout contrôle au Saint-Esprit. Ici, à la chapelle, on fait les choses ensemble. »

Donc, assurez à tout prix la continuité en construisant sur les forces de la fondation et en harmonie avec les cycles divins qui sont en action parmi vous. Et s'il vous arrivait de trouver des fissures dans la fondation, il serait prudent de prendre d'abord le temps de réparer ces brèches avant d'aller plus loin. Il pourrait y avoir des réconciliations à faire ou certaines positions doctrinales à ajuster. Quel que soit le cas, il ne sert à rien de bâtir sur une fondation fissurée, et il n'y a rien à gagner à devancer le temps de Dieu.

Les choses ne se produisent pas du jour au lendemain. Elles sont conçues puis deviennent visibles selon le principe de la semence. Nous venons tous de quelque part, et nous devons comprendre par où nous sommes passés si nous voulons faire les bons pas pour atteindre ce que nous voyons à l'horizon. Les « soudains » les plus productifs sont toujours ceux qui ont été les plus soigneusement préparés!

CHANGER LA MENTALITÉ D'UNE ÉGLISE EN DEUX ANS

Le processus

Certains de vous, qui lisez ce livre, commencez peut-être à réaliser que votre approche est en réalité plus apostolique que pastorale, cela expliquerait pourquoi vous ne vous êtes jamais sentis entièrement libres dans le contexte ecclésial où vous évoluez depuis un certain nombre d'années. Peut-être découvrez-vous un nouvel espoir face à la possibilité de faire la transition de cet environnement traditionnel à celui d'un centre apostolique. Puis-je me permettre de vous donner un conseil qui tient en un seul mot avant que vous ne vous lanciez? *Processus.*

Chaque fois que nous recevons une vision, il nous faut réaliser que les gens qui nous entourent ne sont pas dans notre tête pour voir en même temps que nous ce que nous voyons! Parfois, nous avons tendance à oublier cette réalité – spécialement quand nous sommes un leader le moindrement visionnaire.

Les visionnaires purs ont cette tendance à tellement se concentrer sur ce qu'ils voient qu'ils deviennent inconscients de la réalité de ceux qui les entourent et des étapes nécessaires à l'atteinte de leurs objectifs. Tout ce qui se tient entre le maintenant et le futur espéré est vu comme encombrant – je connais le sentiment. Mais à moins de nous discipliner pour apprécier le parcours autant que la destination, nous risquons de découvrir que nous sommes seuls lorsque nous franchissons finalement la ligne d'arrivée, ayant laissé tout le monde derrière en cours de route.

C'est pourquoi il est impératif de doser notre rythme et de dévoiler la révélation que nous voulons transmettre de façon graduelle. Les visions doivent être scindées en petites portions et présentées systématiquement, une bouchée à la fois.

Changer d'outre sans rien renverser nécessite de la prudence à chaque pas. La première chose à faire est de poser la fondation biblique adéquate. Pas de big bang un dimanche matin devant une congrégation qui n'est pas prête; nous voulons des saints qui font le trajet avec le Saint-Esprit, pas des fidèles qui sont en état de choc face à un soudain changement de direction.

Pour qu'une transition se fasse harmonieusement, il y a un rythme à respecter. La réponse de Jacob à son frère Ésaü, qui le pressait de hâter la marche, est pleine de sagesse pour nous :

> Jacob lui répondit : Mon seigneur sait que les enfants sont délicats, et que j'ai des brebis et des vaches qui allaitent; si l'on forçait leur marche un seul jour, tout le troupeau périrait. Que mon seigneur prenne les devants sur son serviteur; et moi, je suivrai lentement, au pas du troupeau qui me précédera, et au pas des enfants, jusqu'à ce que j'arrive chez mon seigneur, à Séir. (Ge 33:13-14)

Étude de cas

Ce chapitre est une étude de cas pour aider ceux qui veulent faire la même transition que nous. J'ai pensé qu'il serait utile de présenter les points principaux que j'ai enseignés les dimanches matin durant les deux années de la transition. La première année fut celle de la préparation; la seconde, celle de la transition en tant que telle. J'ai systématiquement utilisé la plate-forme du dimanche pour insuffler la vision et créer un mouvement, tout en demandant aux leaders de cellules et aux pasteurs de donner les soins pastoraux durant la semaine. En tout et partout, deux ans d'enseignements visionnaires ont réussi à changer l'essentiel de notre mentalité et nous préparer à embrasser notre destinée apostolique.

Vous verrez que je ne mets pas l'accent sur le ministère de l'apôtre en soi. Je n'ai jamais trouvé cela nécessaire. J'ai plutôt ciblé la nature apostolique de l'église, ce qui nous a amenés à reconsidérer notre structure collective et notre mandat. Quand j'ai réalisé que nous nous dirigions vers un centre apostolique, il était manifeste que si ce concept et ce modèle devaient être adoptés par tous, la reconnaissance du ministère de l'apôtre ne serait pas bien loin.

De plus, gardez à l'esprit que je découvrais moi-même le sentier semaine après semaine, désirant voir l'église devenir une meilleure communauté, toujours plus saine, remplie de la gloire de Dieu, et apte à toucher et à transformer le monde qui nous entoure.

Les quelques pages qui suivent vous donneront une vue d'ensemble de notre processus. Vous y suivrez l'essentiel des messages donnés du pupitre les dimanches, de même qu'un journal annoté des principales étapes suivies en 2011, l'année de la transition en tant que telle. Je ne suggère pas que vous suiviez l'ordre de ces sujets pour établir un plan à suivre. Si je pouvais retourner en arrière, je changerais beaucoup de choses. Mais l'exercice vous sera utile en ce qu'il montre un *processus* et une *progression*. C'est ce que je voulais que vous puissiez voir.

ANNÉE 1 : LA PRÉPARATION
Sommaire tiré du pupitre pour 2010

Une communauté alignée avec le ciel
- Nous devons prêcher et démontrer le royaume : « Allez, prêchez, et dites : Le royaume des cieux est proche. Guérissez les malades, ressuscitez les morts, purifiez les lépreux, chassez les démons. Vous avez reçu gratuitement, donnez gratuitement. » (Mt 10:7-8)
- Nous devons devenir l'église dont Jésus rêve, selon la vision que Jacob a eu : la maison de Dieu et la porte du ciel (voir Ge 28:17).
- Nous devons devenir le point de pénétration du ciel sur la terre, les quartiers généraux du royaume des cieux sur terre.
- Nous devons continuer l'œuvre de Jésus-Christ d'amener le modèle du ciel sur la terre, comme Moïse l'a fait d'avance en type : « Aie soin, lui fut-il dit, de tout faire d'après le modèle qui t'a été montré sur la montagne. » (Hé 8:5)
- Nous sommes une communauté du royaume alignée avec le ciel. Nous sommes une communauté qui proclame et agit.

- Nous sommes une communauté qui ouvre les portes du ciel et ferme les portes de l'enfer.

Une communauté alignée avec ses racines

- Retournons à notre première mission – retour au modèle des Actes.
- Pierre a annoncé le début d'une nouvelle ère accompagnée de signes et de prodiges qui vont durer jusqu'au retour du Seigneur (voir Ac 2:16-20).
- Il a promis de grands réveils (voir Ac 2:21).
- Quel est le message?
  - o Jésus est ressuscité; il est retourné au ciel et a envoyé le Saint-Esprit.
  - o Repentez-vous et devenez des disciples de Jésus en étant baptisés.
  - o Formez une nouvelle communauté sur la terre, une communauté remplie du Saint-Esprit.
- Quelle était cette nouvelle communauté? C'est notre modèle de base.

Le modèle de base

Ceux qui acceptèrent sa parole furent baptisés; et, en ce jour-là, le nombre des disciples augmenta d'environ trois mille âmes. Ils persévéraient dans l'enseignement des apôtres, dans la communion fraternelle, dans la fraction du pain, et dans les prières. La crainte s'emparait de chacun, et il se faisait beaucoup de prodiges et de miracles par les apôtres. Tous ceux qui croyaient étaient dans le même lieu, et ils avaient tout en commun. Ils vendaient leurs propriétés et leurs biens, et ils en partageaient le produit entre tous, selon les besoins de chacun. Ils étaient chaque jour tous ensemble assidus au temple, ils rompaient le pain dans les maisons, et prenaient leur nourriture avec joie et simplicité de cœur, louant Dieu, et trouvant grâce auprès de tout le peuple. Et le Seigneur ajoutait chaque jour à l'Église ceux qui étaient sauvés. (Ac 2:41-47)

ANNÉE 2 : LA TRANSITION
Sommaire tiré du pupitre pour 2011 et principales étapes suivies

9 janvier, message du dimanche : « En 2011 – Retour aux Actes »
(En ce premier dimanche de l'année 2011, je fais la déclaration suivante : « Nous voulons devenir une base apostolique comme Antioche. » Ceci devient un thème que nous continuons d'explorer de dimanche en dimanche.)

- Actes 2:41-47 est le commencement. Voyons l'évolution avec Paul et Antioche.
- L'église de Jérusalem se développe avec des signes et des prodiges, des miracles et des guérisons, jusqu'au point où même ceux qui servent aux tables font des miracles : « Étienne, plein de grâce et de puissance, faisait des prodiges et de grands miracles parmi le peuple. » (Ac 6:8)
- Des réactions et des accusations conduisent à la lapidation d'Étienne.
- Ceci mène à Paul (Saul, voir Ac 7:58-8:3) et à sa conversion (voir Ac 9:1-6).

Antioche
- L'église grandit et se répand avec les disciples qui fuient Jérusalem à cause de la persécution. Un autre centre se développe bientôt : Antioche.
- Barnabas va chercher Paul à Tarse. Ils fortifient ensemble l'église d'Antioche, où le nom de chrétiens est utilisé pour la première fois (voir Ac 11:25-26).

Paul et l'église d'Antioche maintenant à l'avant-plan
- Actes 13:1-4 : Ils sont envoyés par le Saint-Esprit mais restent redevables à l'église. Après un voyage de trois ans, ils reviennent à Antioche et font leur rapport à l'église.
- Paul établit des églises dans le monde connu, et Antioche est la base pour ce ministère apostolique.

En 2011, nous voulons être comme Antioche : une base pour l'esprit apostolique qui était avec Paul

- L'exemple de son premier voyage après que ceux de l'église d'Antioche lui imposent les mains ainsi qu'à Barnabas (voir Ac 13;14) :
  - o Une équipe
  - o Plusieurs villes
  - o Font des disciples au milieu de l'opposition
  - o Laissent de nouvelles communautés établies dans les villes
  - o Revisitent ces villes sur le chemin du retour (voir Ac 14:21-22)
  - o Retournent à Antioche et font leur rapport

Le Chemin – comme Antioche, une base apostolique

- Nous sommes appelés à être un centre d'opérations – un centre qui rayonne.
- À l'interne, nous sommes une communauté comme celle d'Actes 2; à l'externe, une église comme Antioche.
- Nous sommes une église qui forme les hommes, les femmes et la jeunesse pour les ministères qui sont à l'intérieur et à l'extérieur de l'église.
- Nous sommes une église qui fortifie les églises existantes et en établit de nouvelles.
- Nous sommes un centre où le Saint-Esprit remplit continuellement ses disciples et leur donne des missions.
- Nous devons nous voir ainsi! Nous placer dans la Bible; c'est notre histoire que nous y lisons!

23 janvier, message du dimanche : « Finances »

- L'église apostolique qui fait avancer le royaume de Dieu sur la terre jusqu'au retour de Jésus doit avoir une compréhension claire des principes financiers du royaume.

27 février, message du dimanche : « Une église de leaders »
- Dans l'église apostolique, Dieu veut des leaders.
- Paul bâtit des équipes apostoliques qui changent le monde.

6 mars, message du dimanche : « Un cœur pour entendre »
- À la fin des temps, Dieu prépare cette église apostolique que l'on voit dans les Actes :
  - o Une église qui marche avec autorité sur la terre;
  - o Une église entièrement vouée à Dieu, écoutant sa voix pour lui obéir.

8 mai, message du dimanche : « Un toit pour Haïti »
- S'encourager aux bonnes œuvres – campagne de financement pour mettre un toit sur une église d'Haïti affectée par le tremblement de terre catastrophique de 2010.
- L'église apostolique de la fin des temps prend soin du peuple de Dieu.
- Ceci conduit à une offrande historique de 32 000 $ prise le 9 octobre, dimanche de l'Action de grâces, dans une église d'environ 150 personnes. Vous pouvez lire toute l'histoire au chapitre 6.

4 juin : création d'une équipe élargie
Je crée une liste que j'appelle « leadership élargi » et je demande aux gens de répondre à deux questions avant le 20 juin. Voici un extrait du courriel que je leur ai envoyé :

Ce courriel est envoyé à un « leadership élargi » d'environ cinquante personnes. Vous n'êtes pas tous des leaders avec un poste, mais vous avez certainement tous un potentiel de leadership. Ceci ne constitue pas un groupe fermé et ne donne pas de titre non plus. Ça représente un échantillon de toutes les personnes remarquables et excellentes qui forment la maison de Dieu. Je voudrais vous rencontrer avant le début de l'été. Pourriez-vous répondre à deux questions?

1. Quelles sont les forces de notre église? (Qu'est-ce que nous faisons avec succès? Qu'est-ce qui nous définit, qui nous frappe

comme étant une réussite, que nous remarquons quand nous venons dans cette église et qui nous rend fier devant Dieu, etc.)

2. Quelles sont les faiblesses de notre église? (Que faisons-nous avec moins de succès ou ne faisons-nous pas ou n'arrivons-nous pas à faire, ce qui nous manque comme église, etc.)

Si cela vous est possible, envoyez-moi votre réponse par courriel dans les prochains jours. Vous pouvez aussi ajouter tout autre chose que le Seigneur vous montre à propos de l'église. Nous en parlerons un peu le 20 juin, et nous pourrons ensuite continuer cette réflexion au cours de l'été. J'attends votre contribution, on se voit bientôt.

Oh, j'oubliais! Cette semaine, j'ai planté mon jardin. Je suis confiant qu'une récolte est en chemin!

20 juin : première rencontre de l'équipe élargie

Cette rencontre a débuté une série qui se continue toujours le premier lundi de chaque mois. C'est une rencontre clé pour communiquer et rafraîchir la vision, voir où nous en sommes comme centre apostolique, vérifier l'état des cellules, et enseigner des principes de leadership pour développer nos capacités. Ces rencontres regroupent des leaders actifs – pasteurs, leaders de cellules et assistants, de même que des leaders potentiels pour l'avenir. Durant la transition apostolique, la rencontre de l'équipe élargie était toujours le cercle final où j'expliquais notre prochaine étape pour établir un consensus juste avant d'amener le tout devant la congrégation.

Septembre et octobre : préparation de leaders clés

Je fais des rencontres individuelles avec trois catégories de personnes :

- Anciens : je leur explique que le modèle du conseil des anciens sera démantelé avant la fin de l'année et remplacé par une équipe apostolique. Je discute avec chacun de son rôle ou de sa position future. Certains sont considérés pour l'équipe apostolique; d'autres pas.

- Membres potentiels pour l'équipe apostolique.
- Membres potentiels pour l'équipe de vision et direction : une équipe plus petite au sein de la grande équipe apostolique pour nous aider, Marie et moi, à diriger le centre apostolique.

4 septembre, message du dimanche : « Une nouvelle société pour la fin des temps »

- « Sauvez-vous de cette génération perverse » (Ac 2:40), c'est-à-dire formez une nouvelle société dans le monde, une société dans la société.
- Nous devons être une société qui vit selon Actes 2:42-47, avec les quatre piliers de l'église (l'étude de la Bible, la communion fraternelle, la louange et la prière, et la communion).
- Le résultat de cette société est un style de vie où plusieurs prodiges et miracles sont faits (voir Ac 2:43).
- Avec le niveau de la présence de Dieu qui monte, la crainte de Dieu doit aussi monter – signes et prodiges.
- La clé pour la fin des temps est une communauté des enfants de Dieu vivant ensemble dans le monde.
- Les ministères ne seront grands que dans le contexte d'un peuple vivant ensemble.
- Nous devons être un véhicule sur la terre pour la gloire de Dieu, une société distincte et des agents de changement.
- Nos cellules sont des points chauds pour le royaume dans la ville.

23 octobre, message du dimanche : « Transition apostolique »

Dans ce message déterminant, j'annonce qu'une nouvelle structure sera mise en place en décembre. Une équipe apostolique remplacera les anciens que nous avons. Nous les remercions et les honorons pour l'œuvre qu'ils ont faite fidèlement et avec amour au cours des années.

Révision
- Nous sommes appelés à être une église apostolique selon le modèle d'Antioche.
- Nous recevons et donnons la vie de Dieu.

Un nouveau cycle pour notre église
- Comme église, nous entrons dans l'âge adulte.
- Nous ne sommes pas encore pleinement mûrs, mais nous avons atteint l'âge de la responsabilité.

L'église du Québec :
- Nous avons reçu, mais nous allons maintenant donner.
- Nous étions pauvres, mais nous allons maintenant enrichir les autres.
- Nous avons vécu en mode de survie, mais nous allons maintenant vivre.
- Nous étions stériles, mais nous allons maintenant donner naissance.
- Nous étions sur la défensive, mais nous allons maintenant passer à l'offensive.
- Nous étions liés par la peur, mais nous allons maintenant avancer avec courage.
- Nous vivions dans la honte, mais nous allons maintenant relever la tête.

Une nouvelle structure (nouvelle outre)
- Dans le Nouveau Testament, deux structures gouvernementales existent : l'équipe apostolique et le conseil des anciens.
- Les équipes apostoliques développent le royaume, prêchent, proclament, et établissent éventuellement des anciens pour garder et veiller, mais pas pendant que l'équipe apostolique est sur place – seulement quand elle quitte.
- Nous ne sommes pas en mode d'entretien mais en mode de développement.
- Nous revenons à la structure apostolique qui remplacera le modèle du conseil des anciens.

- Nous remercions les anciens parce qu'ils ont bien fait leur travail.
- En décembre, j'établirai l'équipe apostolique avec un nouveau mode d'opération pour que l'église aille de l'avant.
- Une plus petite équipe à l'intérieur de l'équipe apostolique nous aidera, Marie et moi, à donner la vision et la direction.

L'église apostolique
- La nature de l'église est apostolique.
- L'histoire de l'église révèle une communauté apostolique dirigée par le Saint-Esprit.
- Éphésiens 2:20 parle d'une compagnie d'apôtres et de prophètes (pluriel) avec Jésus (seul) comme pierre angulaire.
- Hébreux 3:1 – Jésus est notre apôtre.
- Apostolos (nom) et apostello (verbe) signifient : « Le leader d'une flotte envoyée avec l'autorité du roi pour envahir, occuper et transformer un pays en son nom. »
- Nous remplaçons le tyran et son royaume par le royaume et la culture de notre roi.
- Jésus est venu des cieux, d'un autre royaume, et a établi une équipe apostolique autour de lui. Il a commencé à envahir ce royaume pour faire tomber le trône de Satan, pour apporter aux captifs une nouvelle loi de liberté.
- Jésus a donné cette même mission apostolique à son église, et c'est pourquoi l'église est apostolique.
- « Comme tu m'as envoyé [apostello] dans le monde, je les ai aussi envoyés [apostello] dans le monde. » (Jn 17:18)

La mission apostolique de Jésus en Luc 4:18-19
L'Esprit du Seigneur est sur moi, parce qu'il m'a oint pour annoncer une bonne nouvelle aux pauvres; [Il m'a envoyé [apostello] pour guérir ceux qui ont le cœur brisé,] pour proclamer aux captifs la délivrance, Et aux aveugles le recouvrement de la vue, pour renvoyer libres [apostello] les opprimés, pour publier une année de grâce du Seigneur.

- L'Esprit de Dieu libère les captifs et fait d'eux des apôtres; il les fait sortir (apostello) de prison et les envoie prêcher pour faire tomber les ténèbres.
- Notre mission est d'aller, parce que nous avons été envoyés (apostello), pour annoncer la liberté aux captifs, leur disant de se repentir parce qu'ils ont adopté les voies du tyran et ses mensonges. Mais un nouveau roi est ici : « Venez vous prosterner devant lui et il vous pardonnera; c'est un roi miséricordieux. »
- Nous sommes dans une nouvelle dimension de son autorité. Nous sommes prêts à répondre à l'appel du roi. Le matin est arrivé, un nouveau jour s'est levé, la pierre a été roulée, et nous sommes vivants avec lui pour régner.

23 octobre : première rencontre officielle de l'équipe de vision et direction

Cette rencontre se tient l'après-midi suivant le dimanche matin avec six couples, incluant Marie et moi, et nos pasteurs fondateurs, Jean-Claude et Valerie.

30 octobre, message du dimanche : « La chambre apostolique »

- Le lieu secret est la clé pour l'autorité et la puissance apostolique (voir Mt 6:6).

6 novembre, message du dimanche : « Transformer la ville : activez la compagnie des prophètes »

- La compagnie prophétique marche aux côtés de la direction apostolique (voir Esd 5:1-2; Ep 2:20).
- L'église de la fin des temps n'est pas seulement apostolique mais aussi prophétique; la toute première chose que l'apôtre Pierre a prêchée à la naissance de l'église (la toute première fois qu'un ministère apostolique a commencé à fonctionner dans l'église) portait sur la restauration du ministère prophétique à la fin des temps; c'est pourquoi il est écrit que l'église a été érigée sur le fondement des apôtres et des prophètes.

- Si nous voulons toucher la ville, l'église doit être à la fois apostolique et prophétique.

10 novembre : courriel à l'équipe de vision et direction

Je leur donne une liste de quinze personnes/couples que j'ai choisis pour l'équipe apostolique. En voici un extrait :

Voici la liste de ceux que j'ai en tête pour l'équipe apostolique (incluant des gens avec des dons et ministères variés, de même que les six couples de l'équipe de vision et direction). Je suis prêt à leur envoyer une invitation pour le 27 novembre. Je les rencontrerai aussi de façon individuelle pour tout leur expliquer et leur parler des six couples choisis pour l'équipe de vision et direction.

13 novembre : courriel à la future équipe apostolique

Voici un extrait de ce que j'ai envoyé à l'équipe apostolique que j'ai choisie :

Je voudrais vous inviter à rester pour manger après l'assemblée dimanche, le 27 novembre. Nous avons parlé depuis plusieurs mois de former une équipe apostolique qui marchera dans les voies du Seigneur pour amener l'église où il la veut. Le 27 novembre, j'aimerais établir cette équipe et je vous invite à en faire partie. Elle sera au départ composée d'environ quinze personnes/couples, aux dons et ministères variés, mais ayant tous une dimension apostolique à leur appel. Cette équipe n'aura pas de structure rigide mais demeurera flexible pour s'adapter au mouvement du Saint-Esprit. L'équipe évoluera donc dans sa forme, sa composition et ses fonctions selon les saisons spirituelles.

Je ferai de mon mieux pour vous rencontrer individuellement avant le 27 novembre pour vous parler plus en détails et pour que nous puissions partager ensemble. Je veux aussi souligner que lorsqu'une invitation est faite à quelqu'un, elle inclut le conjoint ou la conjointe; c'est ainsi que le Seigneur nous a toujours guidé dans le fonctionnement de notre église.

20 novembre, message du dimanche : « Transformer la ville : activez la compagnie des évangélistes »

- Les évangélistes de la fin des temps fonctionnent comme Jean avec l'esprit prophétique, sous la mission apostolique de Jésus.

20 novembre : repas de l'équipe de vision et direction

Ce repas est une rencontre stratégique pour la transition, tenu après l'assemblée du dimanche.

27 novembre, message du dimanche : « Transformer la ville : activez la compagnie des intercesseurs »

- Nous avons conçu dans la chambre apostolique.
- Nous avons établi la fondation apostolique.
- Nous avons activé les prophètes.
- Nous avons activé les évangélistes.
- Ce matin, le Seigneur active les intercesseurs; c'est le temps de donner naissance.

27 novembre : l'équipe apostolique

Nous avons une rencontre pour établir l'équipe apostolique après l'assemblée du dimanche, dans un cadre intime.

18 décembre, message du dimanche : « La gloire des Actes »

Dernier message de l'année, proclamant que le Seigneur veut établir une base apostolique. Je termine la rencontre par la présentation officielle à la congrégation de l'équipe apostolique.

- Ceci conclut notre année du Retour aux Actes.
- Nous avons vu que la force du livre des Actes était une compagnie apostolique dirigée par le Saint-Esprit; Actes 1:8 est la clé.
- Comme Marie a été visitée par la nuée de gloire (episkiazzo), la même nuée glorieuse qui est venue lors de la transfiguration, l'église a été couverte par la gloire à la Pentecôte.
- L'équipe apostolique que je présente aujourd'hui baigne dans la

gloire qui est sur nous.

- C'est une équipe mobile, flexible, dirigée par le Saint-Esprit – en comparaison du vieux modèle, où chaque leader était dans sa case, dans une position fixe.
- Avec la base apostolique que nous avons établie, nous verrons l'expansion du royaume de Dieu partout où nous irons en 2012.
- Permettez au Seigneur de vous amener au-delà des modèles que nous avons connus auparavant parce que nous sommes un peuple né sous la nuée de gloire de la Pentecôte, et nous continuons à vivre sous elle; nous sommes participants de la gloire de Dieu sur la terre.
- Quand sa gloire descend, c'est sur nous, son église.

Présentation de l'équipe apostolique
- Cette équipe nous aidera, Marie et moi, à diriger cette église.
- Jean-Claude et Valerie sont les fondateurs apostoliques de l'église, et nous revenons à nos racines apostoliques en établissant cette équipe apostolique.
- Ceci conduira l'église dans sa nouvelle phase.
- Paul gardait plus près de lui quelques personnes qui l'aidaient à prendre les décisions. De la même manière, j'ai choisi six couples de l'équipe pour contribuer à la vision et direction.
- Nous scellons cette année en établissant cette équipe.Prière

Prière
Père Éternel, nous sommes arrivés à la conclusion de cette année, Retour aux Actes, et en retournant aux Actes, nous sommes revenus à la source apostolique d'un peuple dirigé par le Saint-Esprit, une compagnie apostolique que tu guides toi-même. Père, nous te présentons ce matin cette équipe...

[À l'assemblée]

Vous avez une destinée. C'est le temps d'entrer dans votre futur. C'est le temps de vivre votre futur aujourd'hui même. Saisissez votre destinée, au nom de Jésus!

8 janvier 2012, message du dimanche : « Activation 2012 »
Dans mon premier message pour l'année 2012, je dis : « En 2011, l'église est entrée dans sa maturité. Maintenant, en tant que peuple responsable, activons le centre apostolique que Dieu a révélé et manifesté en 2011. »

UNE NOUVELLE OUTRE POUR UN NOUVEAU PARADIGME

Un paradigme est la façon de voir la réalité présente. Le paradigme organise le monde dans nos têtes selon les hypothèses et les valeurs que nous adoptons, et il trace la route pour notre vision du futur. Les paradigmes appartiennent d'abord au domaine des concepts, puis ils donnent naissance à des structures. Par exemple, si une société a un paradigme de compassion, elle créera des organisations pour prendre soin des gens. Dans le monde de l'église, la compréhension que nous avons de notre mission influencera le type de structures gouvernementales que nous mettrons en place. Ces structures sont ce que nous appelons parfois outres. Les outres sont ainsi le reflet de nos paradigmes. Ceci veut dire que lorsque notre paradigme actuel passe par un changement, un ajustement correspondant dans la structure vitale sera nécessaire. Plus le changement de paradigme est important, plus le changement structurel doit être radical.

J'ai découvert que tant que nous gardions la discussion sur le modèle apostolique au niveau conceptuel, les eaux n'étaient pas trop troubles; mais dès que j'ai commencé à m'avancer sur la voie d'une réforme du gouvernement de l'église, plusieurs insécurités ont soudainement remonté à la surface. Les gens n'ont pas de problème avec le concept; c'est au moment de toucher la structure qu'il faut être prudent. Démanteler un conseil d'anciens pour le remplacer par une équipe apostolique n'est pas quelque chose que je conseille à un leader de faire, oint ou pas, sans faire passer la congrégation et l'équipe de leaders par des étapes progressives.

Une des clés est d'honorer l'outre précédente avec ses leaders pour le travail et le dévouement dont ils ont fait preuve au cours des années, tout en faisant graduellement tourner le gouvernail dans la nouvelle direction. Il ne sert à rien de critiquer la vieille outre; dressez semaine après semaine un tableau de la nouvelle vision en examinant les Écritures, jusqu'à ce que le modèle apparaisse de façon claire et attrayante. Les gens désireront bientôt faire la migration vers ce modèle de façon tout à fait naturelle.

J'ai donc continué de présenter le tableau inspirant d'un peuple apostolique rempli de la gloire de Dieu ici sur terre. Puisant aux racines de l'église primitive, j'ai prêché une vie chrétienne victorieuse pour aujourd'hui et je l'ai reliée à une communauté apostolique qui bouleverse le monde. De dimanche en dimanche, j'ai graduellement surimposé cette image d'une église apostolique à celle de l'église locale. Résultat : le nouveau paradigme apostolique a donné naissance sans grandes douleurs à une nouvelle outre que nous appelons centre apostolique.

NE RIEN RENVERSER

Éviter de faire des victimes et préserver les amitiés

Pour faire la transition d'une église locale traditionnelle à un centre apostolique, le leader doit être ou bien un apôtre, ou bien quelqu'un d'aligné avec un apôtre qui soit prêt à s'impliquer directement dans le processus.

Il y a deux avertissements que je voudrais donner avant de continuer. Premièrement, ne jouez pas à l'apôtre si vous n'en avez pas l'appel. Il y a déjà trop de pseudo-apôtres, et ça n'aide personne. Cherchez plutôt à entrer dans un alignement sain avec un apôtre qui vous aidera à vous développer dans les limites de votre mandat. Deuxièmement, si vous avez un appel apostolique, n'utilisez pas votre autorité de façon dominante. L'apôtre de la maison doit maintenir un capital de confiance auprès des gens. Il doit continuer de communiquer avec transparence mais sans déstabiliser la congrégation. La maison de Dieu est une maison relationnelle, et les leaders doivent être capables de gagner le cœur de leurs frères et sœurs. La transition apostolique ne doit pas se faire en imposant sa vision aux autres ni en dictant aux membres de la congrégation ce que deviendra leur vie; l'autorité apostolique procède du tendre cœur du Père pour son peuple.

Rappelez-vous, ce n'est pas seulement le but qui compte, mais aussi le parcours pour s'y rendre. Dans la poursuite de nos visions, nous devons faire tout en notre pouvoir pour *éviter de faire des victimes et préserver les amitiés.*

Et les anciens dans tout ça?

Maintenant, qu'en est-il des anciens qui ont perdu leur poste dans cette transition? Je suis certain que c'est la question que vous avez à ce stade du livre. Eh bien! Il est entendu qu'un peu de tension s'est fait ressentir, mais pas autant qu'on pourrait l'imaginer. J'ai marché très délicatement avec eux, leur ouvrant mon cœur et leur expliquant où je me dirigeais, prenant le temps de dialoguer autant dans des situations de groupe que dans des rencontres personnelles. J'y reviendrai.

De cercles internes aux cercles externes

Il y a un principe tout simple que j'applique toujours quand je veux apporter un changement de direction : je commence par établir un consensus avec ceux qui me sont les plus proches avant de me présenter devant le reste du corps. Je vais du cercle interne aux cercles externes. Il y a habituellement quelques cercles autour de nous, qui sont de plus en plus grands à mesure que l'on s'éloigne de centre. Essayez toujours de vous assurer du support du cercle le plus rapproché avant d'aller vers le prochain. C'est mon ami Doug Schneider, d'Oshawa, qui m'a enseigné cette approche qui s'est avérée excellente. Quand ceux qui sont les plus proches de vous et, dans un contexte de leadership, ceux qui ont le plus d'influence dans l'église sont en accord avec les changements que vous voulez apporter, ils sont une aide précieuse pour rassurer le prochain cercle de leaders effacer qui, à leur tour, font la même chose pour le cercle suivant. Et quand vous partagez finalement avec le reste de la congrégation, un esprit d'unité est déjà en place et la paix règne. J'ai vécu ce phénomène maintes et maintes fois et je sais pertinemment bien que cela ne peut s'expliquer simplement par un résultat mécanique découlant d'une bonne stratégie de communication : c'est le Seigneur qui passe devant pour ouvrir la voie avec sa présence.

Jésus lui-même allait des cercles intimes aux cercles publics. Il y avait Pierre, Jean et Jacques; puis les douze; puis les soixante-douze; puis le groupe plus large des disciples; enfin, les foules. Pour chaque cercle, il ajustait le niveau de ce qu'il communiquait. Par exemple, Marc 4:34 nous dit : « Il ne leur [les gens de la foule] parlait point sans parabole; mais, en particulier, il expliquait tout à ses disciples. »

Redéfinir les rôles présente certains défis

J'ai commencé à expliquer à ceux qui étaient le plus près de moi que le conseil des anciens serait démantelé pour être remplacé par une équipe apostolique que je choisirais. Cette équipe allait être mobile et flexible, et sa composition sujette à varier selon les saisons spirituelles que nous allions traverser. En faire partie n'assurerait pas un poste fixe, mais allait devoir être le résultat d'une fonction. En d'autres termes, l'équipe apostolique serait différente d'un conseil d'administration : tous ses membres allaient devoir être des joueurs actifs dans le développement du centre apostolique. De cette équipe, je choisirais un plus petit groupe appelé Vison et direction pour nous aider, Marie et moi, à diriger avec sagesse et à faire avancer les choses. L'équipe apostolique allait avoir une forte composante pastorale, tandis que l'équipe de vision et direction serait formée de personnes ayant une capacité apostolique marquée. Les deux équipes s'avérèrent une mosaïque d'hommes et de femmes, de générations, de nations et de dons ministériels, non pas parce que j'avais essayé d'atteindre cet équilibre, mais parce cela représentait la vraie composition de notre église.

Quand j'ai rencontré les anciens un à un, leurs réactions n'étaient pas toutes les mêmes. Pour celui qui avait été en poste le plus longtemps, c'est-à-dire pendant plus de vingt-cinq ans, je ressentais qu'il avait fait tout ce qu'il pouvait, de bon cœur et fidèlement, mais que dans la nouvelle ère où nous entrions, il devait quitter ses fonctions et rejoindre les rangs de la congrégation. Je n'étais pas certain de ce que serait sa réaction, mais je fus agréablement surpris. C'était comme si j'avais retiré de ses épaules un lourd fardeau. Il était tellement soulagé de ne plus avoir à s'acquitter de cette fonction dans un environnement devenu bien différent de ce qu'il avait connu pendant toutes ces années. Il exprima une joie sincère et sentit que le Seigneur lui disait : « Bien fait, bon et fidèle serviteur. »

Pour un autre ancien, je ressentais qu'il devait faire partie de l'équipe apostolique mais pas de l'équipe de vision et direction. Cet homme était depuis des années un de mes grands amis, et tout ce réaménagement était difficile pour lui. Notre amitié en souffrit pendant un bon bout de temps. Nous avions tous les deux le cœur attristé, mais je savais que je devais suivre la direction du Saint-Esprit pour la nouvelle structure gouvernementale. Nous nous sommes rencontrés à plusieurs reprises pour partager ce que nous ressentions et, éventuellement, avec le temps, les choses se placèrent et notre amitié survécut. L'amour ne faillit jamais.

D'autres anciens avaient des questions sur la structure d'autorité que cela mettrait en place et avaient besoin d'un peu de temps pour absorber le nouveau paradigme, même si l'invitation leur était faite de joindre l'équipe de vision et direction. Ici encore, une communication ouverte, l'étude des Écritures, de la prière, du temps pour réfléchir, de la confiance et le témoignage du Saint-Esprit nous ont conduits à un consensus.

L'équipe apostolique a finalement été établie publiquement en décembre 2011. J'écris ce livre dix-huit mois après cette transition, et l'équipe a déjà grossi. Ce qui est le plus excitant pour moi c'est de voir comment chaque membre a connu un développement accéléré, spécialement les couples de l'équipe de vision et direction qui, sans exception, étendent déjà leur action à l'extérieur des murs de la congrégation nucléaire en tant qu'ambassadeurs du modèle que nous avons. Être un centre apostolique a généré un haut niveau d'enthousiasme en chacun de nous, et l'activité qui en résulte est remarquable, comme nous le verrons plus tard. Maintenant, en guise de suivi :

SUITES DE LA TRANSITION

Pour 2012, le thème que j'ai annoncé était *Activation 2012*, signifiant : « Activons le centre apostolique que nous venons d'établir. » En juin de cette année, nous avons tenu notre toute première conférence apostolique, dont le thème était *L'église apostolique se lève*.

C'est à cette conférence que j'ai invité C. Peter Wagner et que je l'ai rencontré pour la première fois. Doug Schneider, lui-même un apôtre aligné avec Global Spheres grâce à Peter, avait fait le premier contact pour moi et faisait aussi partie de la conférence.

Au risque d'être dans l'embarras, je dois dire que jusqu'à ce que je le rencontre, je n'avais lu qu'un seul livre du docteur Wagner, *Church Quake*, et cela remontait à 1999. J'en ai maintenant lu quelques-uns de plus et découvert la richesse de sa contribution au corps de Christ. Lorsque nous nous sommes rencontrés, je lui ai expliqué la transition que nous venions de connaître et j'ai vu, d'après sa réaction, qu'il était grandement intéressé par notre parcours. Bien honnêtement, je n'étais pas vraiment conscient que nous ayons fait quoi que ce soit de bien spécial. J'avais juste essayé de retourner au modèle des Actes pour pouvoir ensuite continuer à partir de là. Mais avec son enseignement sur le mouvement apostolique et ses commentaires durant la conférence, Peter apportait un autre niveau de clarté et une confirmation solide face à la transition que nous avions complétée.

C'était très encourageant pour nous, et j'ai senti que nous devions nous aligner avec ce père et apôtre. Je vous raconterai comment ça s'est produit au prochain chapitre.

En 2013, le thème que j'ai reçu du Seigneur fut *La moisson est là*. En avril, nous avons tenu notre seconde conférence apostolique, *Centres apostoliques – la transition est là!* Doug Schneider et C. Peter Wagner en étaient une fois de plus les conférenciers, avec l'addition de Chuck Pierce. Lors de cette conférence, nous avons commencé la diffusion en direct sur internet de notre centre apostolique, et j'ai lancé *HODOS*, un tout nouveau réseau apostolique. Vous pouvez en visiter le site web à hodos.ca.

Je vais terminer ce chapitre en vous donnant un guide pratique des étapes à suivre, puis dans les trois prochains chapitres, nous regarderons les extraordinaires résultats que nous avons connus.

GUIDE PRATIQUE

Avant de commencer
- Gardez Jésus au centre.
- Désirez lui donner l'église dont il rêve.
- Soyez prêt à opter pour la vie avant la structure.
- Refusez le mode d'entretien.
- Adoptez la mentalité du royaume.
- Soyez prêt à changer d'outre.

Évaluez vos fondations
- Comprenez d'où vous venez avant de vous lancer.
- Sachez où vous en êtes.
- Trouvez des points de continuité pour raccrocher votre futur à votre passé.
- Bâtissez sur votre système de valeurs.

Étudiez et enseignez les fondements
- Étudiez le modèle de base d'une communauté spirituelle dans Actes 2.

- Étudiez la transition d'Actes 13 avec la base apostolique initiale d'Antioche.
- Étudiez les développements avec Paul : équipes, églises locales, centres, réseaux.

Allez des cercles internes aux cercles externes
- Commencez par bâtir un consensus avec ceux qui sont le plus près de vous.
- Assurez les cercles les plus rapprochés avant d'aller vers les prochains.
- Essayez de bâtir l'unité avec les leaders avant d'aller vers le reste de la congrégation.

Avancez avec sagesse
- Ne brusquez pas la transition.
- Livrez la vision de façon graduelle, une bouchée à la fois.
- Ne prenez pas la congrégation par surprise.
- Communiquez, communiquez, communiquez!

Changez d'outre sans rien renverser
- Honorez l'outre précédente.
- Utilisez les rencontres du dimanche pour insuffler la vision et créer un mouvement.
- Présentez le modèle de façon claire et attrayante jusqu'à ce que les gens désirent naturellement faire la migration.
- Déléguez les soins pastoraux aux leaders de cellules ou pasteurs.
- Mettez l'accent sur l'appel apostolique de l'église plutôt que sur le ministère de l'apôtre.
- Rallier les gens, gagnez leur cœur.
- Ne soyez pas un dictateur.
- Évitez de faire des victimes et préservez les amitiés.
- Ne vous arrêtez pas à mi-chemin.
- Célébrez chaque étape; terminez en force.

CHAPITRE 5
La loi de l'attraction apostolique

LE SECRET DE PAUL

J'ai déjà mentionné comment la sphère de Paul avait continué de croître jusqu'à ce qu'il ait plusieurs équipes se déplaçant simultanément dans différentes parties du monde. La capacité qu'avait Paul de mobiliser des leaders et de faire fonctionner une organisation complexe, tout en faisant face à des circonstances changeantes et souvent difficiles, était sans contredit remarquable. Mais non moins remarquables étaient son cœur et la nature relationnelle de l'autorité qu'il exerçait.

Ceci est évident dans sa façon de s'adresser aux Galates : « Frères, je vous en supplie » (Ga 4:12), et comment il se rend vulnérable quand il écrit aux Corinthiens :

> Notre bouche s'est ouverte pour vous, Corinthiens, notre cœur s'est élargi; vous n'y êtes point à l'étroit, mais c'est votre cœur qui s'est rétréci pour nous. Rendez-nous la pareille – je vous parle comme à mes enfants – élargissez aussi votre cœur! (2 Co 6:11-13)

Voici qui est clairement différent d'un exercice légal ou dominateur de l'autorité. Paul, l'apôtre, était véritablement un père. Demandez aux anciens d'Éphèse qui « tous fondirent en larmes et, se jetant au cou de Paul...l'embrassaient, affligés surtout de ce qu'il avait dit qu'ils ne verraient plus son visage » (Ac 20:37-38). Ou demandez à Timothée, que Paul appelait son « enfant bien-aimé » (2 Ti 1:2).

Mais la force de Paul et son cœur admirable suffisent-ils pour expliquer l'attraction qu'il exerçait sur les gens? Est-ce là une simple question de personnalité? Il y a eu d'autres hommes avec des cœurs extraordinaires qui n'ont jamais vraiment réussi à rassembler autour d'eux des leaders, et il y en a eu d'autres avec des personnalités plus effacées que celle de Paul qui ont néanmoins été très efficaces pour influencer des hommes en grand nombre. Non, il doit y avoir un autre facteur à ajouter à l'équation pour expliquer comment Paul réussissait à attirer de partout des hommes pour se joindre à son équipe.

LA LOI DE L'ATTRACTION APOSTOLIQUE

Au début de ma vie chrétienne, j'avais reçu une parole prophétique d'un vieil ami de Dieu qui s'appelait Bob Birch. C'était le 29 novembre 1988. Il parlait de ce que ma vie deviendrait, m'assurant que le Seigneur me donnerait la grâce de me discipliner, de le mettre en premier et de marcher avec lui. Je n'ai jamais oublié une des choses qu'il m'a dites ce jour-là : « Il te donnera des compagnons, des associés qui marcheront avec toi, et tu seras une force pour les autres. » Je n'avais aucune idée à cette époque que ce serait la *loi de l'attraction apostolique* qui ferait que cette prophétie se réalise.

J'ai remarqué cette loi pour la première fois en lisant le récit de la discussion tendue entre Jésus et la foule qui était allée le trouver à Capernaüm le lendemain de la multiplication des pains et des poissons pour les cinq mille hommes. Jésus leur reprocha d'être là seulement pour se faire donner à manger, tandis qu'ils devraient plutôt désirer la nourriture qui subsiste pour la vie éternelle, parce qu'il était lui-même « le pain qui est descendu du ciel » (Jn 6:41). À cette pensée, ils commencèrent à murmurer, et Jésus leur dit avec autorité :

Nul ne peut venir à moi, si le Père qui m'a envoyé ne l'attire... (Jn 6:44)

En d'autres termes, il leur dit qu'il n'était pas là pour satisfaire leurs pensées charnelles avec des paroles qui les soulageraient mais pour leur déclarer la vérité sans le moindre compromis. Le conseil qu'il avait pour eux était de recevoir ses paroles puisqu'elles venaient véritablement du ciel; mais comme ils ne croyaient pas, il voulait qu'ils sachent qu'une loi supérieure était en action, une loi que le Père qui l'avait envoyé avait instaurée, une loi apostolique qui dépassait leur raisonnement humain, produisant une irrésistible attraction sur les hommes. Puis Jésus, loin de leur faciliter la chose, ajouta que s'ils voulaient recevoir la vie, ils devaient manger sa chair et boire son sang (voir Jn 6:53)! Eh bien! Plusieurs des disciples ne pouvaient pas du tout accepter cela et commencèrent à le quitter. Jésus était-il troublé à la vue de ces hommes qui s'éloignaient de lui? Apparemment pas. Il se tourna en fait vers les douze et leur demanda s'ils ne voulaient pas s'en aller aussi (voir Jn 6:67). Cette réaction de Jésus est tout un contraste avec la crainte qu'ont aujourd'hui certains leaders de l'église de perdre des membres au profit d'une autre assemblée! De façon étonnante, Jésus ne se soucia même pas d'expliquer aux disciples ce qu'il avait voulu dire avec ces déclarations pour le moins provocatrices à l'effet de boire son sang et manger sa chair, si ce n'est que ses paroles étaient Esprit et vie (voir Jn 6:63). Qui dit mieux comme stratégie pour bâtir une équipe! Mais il savait que lorsque la mission apostolique opère en quelqu'un, celui qui a donné cette mission met aussi en action une loi d'attraction pour amener des gens à cet apôtre. C'est la même *force d'attraction* qui fut relâchée après la victoire de Christ sur la croix et qui continue d'opérer aujourd'hui :

Et moi, quand j'aurai été élevé de la terre, j'attirerai tous les hommes à moi. (Jn 12:32)

Tous ceux que le Père me donne viendront à moi. (Jn 6:37)

Comme les hommes et les femmes continuent de répondre à cette attraction, ils s'alignent avec Jésus pour leur rédemption personnelle et, ce faisant, se joignent à la grande mission de proclamer et d'établir le royaume de Dieu sur la terre. *La loi de l'attraction apostolique active l'alignement qui mène à l'autorité gouvernementale.*

Cette loi est l'une des plus grandes forces qui opèrent chez les apôtres aujourd'hui, leur permettant de bâtir avec succès des équipes fortes. La formation d'équipes apostoliques ne repose pas sur le recrutement; elle repose sur l'activation de ceux qui viennent pour s'aligner en réponse à l'attraction surnaturelle qu'ils ont ressentie.

L'ALIGNEMENT APOSTOLIQUE

Qu'est-ce que l'alignement apostolique? C'est le respect d'un ordre divin que Dieu a placé dans l'église. En 1 Corinthiens 12:28 on lit :

Et Dieu a établi dans l'Église premièrement des apôtres, deuxièmement des prophètes, troisièmement des docteurs, ensuite ceux qui ont le don des miracles, puis ceux qui ont les dons de guérir, de secourir, de gouverner, de parler diverses langues.

Considérant que cette structure n'est pas de nature hiérarchique, nous préférons parler d'alignement plutôt que de positionnement *sous* la couverture apostolique.

Le terme *alignement* vient d'Éphésiens 4:12 : « Pour le perfectionnement des saints en vue de l'œuvre du ministère et de l'édification du corps de Christ. » Le mot *perfectionnement* vient du mot grec *katartizo*, un terme médical qui veut dire remettre les os ensemble, d'où le concept d'aligner les membres du corps de Christ.

L'alignement brise l'isolement et la fragmentation souvent vécus par les serviteurs de Dieu. Il peut y avoir plusieurs ministères à l'œuvre dans le corps de Christ mais, à moins qu'ils ne soient correctement alignés, le travail se fait sans unité ni plan d'ensemble. Les apôtres ont la capacité d'unir les membres du corps pour qu'ils entendent et suivent les instructions du Seigneur de manière plus cohérente. Lorsque cet alignement apostolique est en place, un ordre gouvernemental peut s'opérer et faire bouger les choses de façon efficace.

Josué ne serait pas devenu le leader d'Israël sans s'aligner avec Moïse; la bande qui étaient dans la détresse ne seraient pas devenus cette compagnie d'hommes vaillants sans s'aligner avec David; Timothée, Tite et Luc, pour ne nommer que ceux-ci, nous seraient inconnus s'ils n'avaient marché avec Paul. S'aligner avec l'autorité apostolique demeure une clé pour la croissance et la destinée.

Regardons de plus près comment l'attraction apostolique qui agissait dans la vie de David attira de plus en plus d'hommes à lui, pour qu'ils connaissent un alignement libérateur qui les qualifia éventuellement pour former le nouveau gouvernement de la nation.

D'UNE CAVERNE À UN ROYAUME

Adullam : l'attraction apostolique engendre un alignement libérateur
David était en fuite pour sauver sa vie. Saül, le roi d'Israël, était devenu fou de jalousie et voulait le tuer. David se réfugia dans la caverne d'Adullam, où ses frères et la maison de son père le rejoignirent. Puis environ quatre cents hommes arrivèrent : « Tous ceux qui se trouvaient dans la détresse, qui avaient des créanciers, ou qui étaient mécontents, se rassemblèrent auprès de lui, et il devint leur chef. » (1 Sa 22:2) Cet épisode nous montre comment l'attraction apostolique génère un alignement, même dans les circonstances les plus adverses. Et dans ce récit, ça ne fit que grandir. Quand le temps de quitter ce repaire arriva, cette compagnie insolite avait atteint six cents hommes (voir 1 Sa 23:13).

Le leadership apostolique de David transforma littéralement la vie de ces hommes qui devinrent la base de l'armée qu'il dirigea au hasard de son long parcours, où de fugitif il devint éventuellement roi. Ces hommes, à prime abord décrits comme « dans la détresse », devinrent bientôt cette glorieuse compagnie appelée « les hommes vaillants de David ». Certains d'entre eux devinrent des chefs, accomplirent des exploits extraordinaires et acquirent le privilège de voir leur nom inscrit dans la Bible pour le soutien fidèle qu'ils accordèrent à David, jusqu'à ce qu'il étende son règne sur tout le pays (voir 1 Ch 11:10-47).

Tsiklag : le véritable gouvernement appartient au camp apostolique

De la caverne d'Adullam, David et sa bande se déplacèrent au désert de Ziph, où Saül continua de lancer contre eux des attaques. Cherchant à se mettre en sécurité, David se réfugia finalement chez les Philistins, qui lui donnèrent la ville de Tsiklag, où il demeura un an et quatre mois (voir 1 Sa 27:6-7).

À Tsiklag, un évènement dramatique se produisit. Un jour que David se trouvait dans une autre région avec ses six cents hommes, une bande d'Amalécites pillèrent leur camp, le brûlèrent et emmenèrent toutes leurs femmes avec leurs fils et leurs filles (voir 1 Sa 30:1-3). David ne perdit pas une minute et pourchassa l'ennemi, mais deux cents de ses hommes étaient si épuisés qu'ils durent rester derrière avec les bagages pendant que le reste de la troupe continuait. La victoire fut remportée, toutes les femmes et les enfants furent délivrés, et on ramena un grand butin.Mais quand David retrouva au retour les deux cents hommes qui avaient été trop épuisés pour le suivre, certains hommes méchants ne voulurent pas partager le butin avec eux parce qu'ils étaient restés derrière. David dut intervenir et il décida ceci : « La part doit être la même pour celui qui est descendu sur le champ de bataille et pour celui qui est resté près des bagages : ensemble ils partageront. » (1 Sa 30:24) Attention! Ce qui est absolument renversant se trouve au verset suivant : « Il en fut ainsi dès ce jour et dans la suite, et l'on a fait de cela jusqu'à ce jour une loi et une coutume en Israël. » (1 Sa 30:25) Voici un homme, vivant comme un hors-la-loi, entouré d'une bande de guerriers, faisant des lois pour la nation à laquelle il ne sait pas comment il pourra jamais retourner, et encore moins y régner! Pourtant, ce que David et sa troupe apostolique vivaient dans leurs conditions précaires avait plus d'influence sur la destinée future de la nation dont ils étaient exilés que les lois décrétées dans la capitale. *Le véritable gouvernement est toujours exercé à partir du camp où se trouve l'alignement apostolique.*

Des leaders exceptionnels attirent des hommes exceptionnels

David n'attirait pas seulement la catégorie d'hommes que nous avons vue à Adullam, mais plusieurs autres vinrent vers lui à Tsiklag, répondant au pouvoir de la même loi d'attraction apostolique : « *Et de jour en jour des gens arrivaient* auprès de David pour le secourir, jusqu'à ce qu'il ait un grand camp, comme un camp de Dieu. » (1 Ch 12:22, c'est nous qui soulignons.) Mais ici, ils arrivaient comme guerriers habiles et forts; ils étaient puissants, et tandis que la première compagnie avait accueilli des aventuriers, les nouveaux arrivants à Tsiklag s'identifiaient par leurs tribus, signe que l'autorité gouvernementale de David s'accroissait. Les nouveaux hommes venaient compléter le groupe des vaillants. Prenez, par exemple, ceux de la tribu de Gad :

> Parmi les Gadites, des hommes vaillants partirent pour se rendre auprès de David dans la forteresse du désert, des soldats exercés à la guerre, armés du bouclier et de la lance, semblables à des lions, et aussi prompts que des gazelles sur les montagnes. (1 Ch 12:8)
> C'étaient des fils de Gad, chefs de l'armée; un seul, le plus petit, pouvait s'attaquer à cent hommes, et le plus grand à mille. (1 Ch 12:14)

Le courage et l'autorité gouvernementale de David

David était capable de recevoir et inclure des nouveaux hommes dans son équipe; il ne se sentait pas menacé ou intimidé par des leaders forts. Quand des hommes des tribus de Benjamin et de Juda vinrent trouver David à Tsiklag, il sortit à leur rencontre et leur dit :

Si vous venez à moi dans de bonnes intentions pour me secourir, mon cœur s'unira à vous; mais si c'est pour me tromper au profit de mes ennemis, quand je ne commets aucune violence, que le Dieu de nos pères le voie et qu'il fasse justice! (1 Ch 12:17)

À ce moment, l'Esprit descendit sur Amasaï, chef des trente, et il dit : « Nous sommes à toi, David, et avec toi, fils d'Isaï! » (1 Ch 12:18) Ce qui équivaut à dire : « Nous nous alignons avec toi! »

Quelle fut la réponse de David? Il avait devant lui des leaders forts qui demandaient de s'aligner. Mais il ne les connaissait pas, du moins rien ne l'indique. Et dans la situation où il se trouvait alors, il ne pouvait se permettre de faire la moindre erreur et ouvrir son camp à des forces incertaines. Mais il avait vu l'Esprit descendre sur leur chef, validant sa noble déclaration. David fit ce qu'un apôtre fait lorsqu'il reconnaît que Dieu est dans la situation. Il les reçut non seulement de façon cordiale mais les plaça même parmi les chefs de sa troupe (voir 1 Ch 12:18)!

La même capacité d'inclure de nouveaux leaders dans son équipe est démontrée avec des hommes qui étaient chefs des milliers de Manassé. Ils se rangèrent du côté de David, et il fit d'eux des commandants dans son armée (voir 1 Ch 12:19-21). David était un homme de cœur et un homme de décision.

Hébron : l'unité apostolique

David demeura à Tsiklag jusqu'à la mort du roi Saül. Après cela, il revint en Israël et s'installa à Hébron. « Les hommes de Juda vinrent, et là ils oignirent David pour roi sur la maison de Juda... » (2 Sa 2:4) Il régna sept ans et six mois dans cette ville et devint de plus en plus fort tandis que la vieille maison de Saül allait en s'affaiblissant. Des armées entières de toutes les tribus d'Israël venaient à lui par milliers. Dans 1 Chroniques 12:38, on lit :

Tous ces hommes, gens de guerre, prêts à combattre,

arrivèrent à Hébron en sincérité de cœur pour établir David roi sur tout Israël. Et tout le reste d'Israël était également unanime pour faire régner David.

Puis, au verset 40 :

Et même ceux qui habitaient près d'eux jusqu'à Issacar, à Zabulon et à Nephthali, apportaient des aliments sur des ânes, sur des chameaux, sur des mulets et sur des bœufs, des mets de farine, des masses de figues sèches et de raisins secs, du vin, de l'huile, des bœufs et des brebis en abondance, car Israël était dans la joie.

Quand le bon alignement apostolique produit le bon gouvernement, il y a de la joie dans le pays, et les provisions sont abondantes!

Jérusalem : le royaume

David monta à Jérusalem, s'en empara, s'établit dans la forteresse et l'appela la cité de David. Il se fit construire un palais et ordonna la construction de plusieurs maisons. Mais cela ne comblait pas le désir de son cœur. Il « tint conseil avec les chefs de milliers et de centaines, avec tous les princes » (1 Ch 13:1); puis il parla à toute l'assemblée d'Israël en disant :

Ramenons auprès de nous l'arche de notre Dieu, car nous ne nous en sommes pas occupés du temps de Saül. (1 Ch 13:3)

Il dressa une tente, plaça l'arche à l'intérieur, et ramena l'adoration au cœur de la nation. L'arche de la présence devint le centre du royaume. L'explication pour l'extraordinaire attraction qu'exerçait David sur les hommes est révélée dans cette tente : *la sainte présence.* Voilà la clé de la loi de l'attraction apostolique. David s'était abandonné dès son jeune âge à l'attirance que produisait cette présence. Il avait gardé son cœur dans cet alignement chaque jour.

C'est ce que les gens ressentaient autour de David. C'est pourquoi ils l'aimaient. C'est pourquoi il plut à Dieu de lui donner le royaume.

LES APÔTRES ATTIRENT DES LEADERS FORTS

Quand je suis devenu le pasteur principal de l'église Le Chemin en 1999, elle comptait environ cinquante personnes. Dans ces années-là, nous ne parlions pas beaucoup d'apôtres, bien que nous croyions qu'ils existaient. Ce qui se produisit, c'est qu'en grandissant comme leader, ma capacité apostolique se développa elle aussi, et de plus en plus de gens commencèrent à arriver. Mais ce qui était encore plus intéressant, c'était le nombre, parmi ceux-ci, qui avaient des dons évidents pour le leadership. Certains avaient été des leaders dans des églises précédentes; d'autres avaient tout simplement le mot leadership écrit sur le front!

Les leaders sont des gens particuliers. Ils veulent diriger. Ils ont des personnalités fortes; certains peuvent avoir une approche assez directe, et même lorsqu'ils ont une nature douce et paisible, ils ont quand même leurs propres idées sur la direction qu'il faut prendre et sur qui devrait conduire! Mais il y a quelque chose d'autre que les vrais leaders aiment : trouver un autre leader avec qui il peuvent s'aligner.

Année après année, des leaders continuèrent d'arriver, et il était impossible de nier les dons qu'ils avaient. Plutôt que de me sentir intimidé, je les ai reçus avec joie et gratitude. J'aime la compagnie des leaders. Les apôtres attirent des leaders forts et sont capables de travailler avec eux. Il est plus demandant de diriger des leaders que des suiveurs mais, à mon avis, tellement plus gratifiant.

Je leur ai donc fait de la place : j'ai trouvé des façons de les inclure dans les affaires de l'église et j'ai commencé à procéder à l'ordination de plusieurs. Ceci se passait avant notre transformation comme centre apostolique. Avec le temps, le nombre de pasteurs que nous avions devint plutôt élevé pour une église de taille quand même encore modeste, et que – même si elle grandissait – ma femme et moi aurions probablement pu continuer à diriger à nous deux. Le ratio de ministres ordonnés par rapport à la taille de la congrégation était bien au-dessus des standards normaux. Aucun doute là-dessus. Mais tout le monde savait que d'une façon ou d'une autre cela faisait partie du plan de Dieu. Nous ressentions que nous étions en préparation pour quelque chose; le Seigneur avait une raison pour amener autant de leaders ensemble au même endroit, mais nous ne savions pas laquelle. La loi de l'attraction apostolique avait été activée, mais nous ne le réalisions pas encore. Nous en observions simplement les effets.

Puis ce fut la transition qui dura deux ans, et d'autres leaders continuèrent d'arriver. Et c'est sans compter les membres de la congrégation qui commencèrent aussi à émerger comme leaders! Ce fut très intéressant. Quand l'onction apostolique est libérée dans un centre, vous verrez des leaders y être attirés des quatre coins du pays. Je n'ai trouvé aucune autre façon d'expliquer pourquoi tant de leaders, venant d'endroits si variés, ont continué de passer nos portes en disant avoir trouvé leur maison. Certains sont arrivés dans toute leur force, prêts à travailler. D'autres sont arrivés défaits et ensanglantés, rejetés par un système religieux qui ne savait pas quoi faire avec eux.

J'ai toujours veillé sur l'atmosphère familiale dans notre congrégation et voulu voir les signes de relations bien établies entre les gens et les nouveaux leaders avant de reconnaître publiquement ces derniers. Au début, j'ai essayé de m'en tenir à une règle demandant aux nouveaux de laisser passer une certaine période d'intégration avant de pouvoir s'impliquer, mais j'en suis finalement arrivé à la conclusion que chaque nouveau leader était à un stade différent à l'arrivée, et que le temps nécessaire pour bâtir de saines relations avec la congrégation variait beaucoup de l'un à l'autre.

En fin de compte, j'ai appris à me laisser guider par le Saint-Esprit, et à évaluer cas par cas le meilleur moment d'inclure de nouvelles personnes dans l'équipe. J'en suis venu à réaliser que l'expérience passée de quelqu'un *dans le ministère* n'annonce pas nécessairement ce que sera son avenir. Je ne dis pas que je ne considère pas les rapports qui me proviennent de lieux de ministères précédents – au contraire. Mais, en même temps, j'ai vu plusieurs leaders arriver en portant les stigmates de la condamnation, principalement parce qu'ils ne fonctionnaient pas bien dans une outre trop restrictive pour leurs dons; mais prenez les mêmes personnes, placez-les dans l'outre d'un centre apostolique, et regardez-les revenir à la vie et reprendre leur vol. Quelle joie!

Permettez-moi de vous parler de quelques-uns de mes héros. J'ai le privilège de les compter parmi les compagnons que Dieu nous a donnés pour accomplir le mandat apostolique du centre Le Chemin. Qu'ils soient arrivés au stade Adullam de leur vie ou qu'ils se soient joints à nous à Tsiklag ou Hébron, ils se sont tous alignés avec le grand camp de Dieu et continuent de contribuer à sa force. Ils font tous partie de notre équipe apostolique.

Il y a plusieurs autres leaders que j'aurais pu mentionner ici, et je m'excuse d'avance auprès de mes amis que je n'ai pas pu inclure dans cette liste pour respecter le format de ce livre.

VAILLANTS GUERRIERS À LE CHEMIN

Pascal et Kyla

Pascal est arrivé quand il était encore un jeune homme. Sa vie avec l'église avait été tumultueuse. J'avoue que sa personnalité pouvait être un peu rude – le style de gars plutôt direct. Cela n'avait pas aidé ses relations précédentes avec les autorités religieuses qui avaient interprété son attitude comme de la rébellion. Disons qu'ils n'avaient pas tout à fait tort, mais j'aimais son cœur. Quel homme brillant et passionné il était! Nous avons eu quelques confrontations et avons dû faire un certain nombre d'ajustements; à certains moments l'avenir était incertain. Mais notre amour continua de grandir, et aujourd'hui Pascal est plus qu'un fils pour moi. Il est marié à Kyla, une des interprètes du dimanche matin. Il a été notre directeur de louange pendant quelques années et il dirige maintenant l'équipe des médias, ce qui comprend le site web et la diffusion en continu. Assister à la progression de Pascal dans son leadership a été une grande source d'encouragement pour moi.

Cory et Diana

Cory et Diana sont venus de l'ouest du pays quand ils étaient encore un jeune couple sorti du collège biblique depuis seulement quelques années. Ils étaient tous deux Canadiens anglais, mais le Seigneur avait placé dans leur cœur un désir de vivre parmi les francophones. Nous les avons adoptés et ils font dorénavant partie de nous. Ce couple a été un vrai cadeau pour l'église. Cory avait auparavant traversé le Canada au sein d'un ministère national d'évangélisation pour les jeunes, et il est devenu notre pasteur de la jeunesse. Il est aussi un excellent prédicateur et un leader doué dans l'église. Il y a une faveur remarquable sur leur vie, de quelque côté qu'ils se tournent. Cory ouvre de nouveaux sentiers avec des leaders du monde des affaires, et Diana dirige les services de l'administration et de la traduction pour Le Chemin et *HODOS*. Ils font partie de l'équipe de vision et direction, et ont été parmi les premiers leaders à se joindre à nous quand l'attraction apostolique a commencé à se faire sentir. Ils ont été de fidèles compagnons durant tout le processus de notre transition.

Yvan et Rachel

Rachel et Yvan servaient dans une église qu'ils aimaient quand ils étaient de jeunes croyants. Rachel est une enseignante très douée, passionnée pour les âmes, avec une énergie et un enthousiasme remarquables pour le ministère. Dans cette première église, qui était pour eux le ciel sur terre, l'impensable se produisit. Un groupe se forma pour chasser le pasteur et prendre le contrôle de l'église, ce qui laissa Yvan et Rachel complètement dévastés. Comment une telle chose pouvait-elle être possible dans la maison de Dieu? Quelque chose avait été brisé dans leur âme, et ils enfouirent cette blessure au plus profond d'eux-mêmes. Ils déménagèrent dans une autre partie de la province, se joignirent à une église vibrante, et continuèrent de servir le Seigneur activement pendant plusieurs années. Mais un jour, le Seigneur dit à Yvan de rassembler ses fils, tous adultes et vivant dans une autre région, et de se relocaliser à Gatineau comme famille.

Ils se joignirent à notre église et firent bientôt partie de nos vies. Mais la blessure profonde était toujours là. Il fallut quelques années pour qu'ils réalisent qu'ils pouvaient rêver de nouveau et rebâtir leur confiance pour pouvoir appeler l'église leur chez-soi. Aujourd'hui, ils font partie de l'équipe de vision et direction, et Rachel dirige toutes sortes de groupes et forme d'autres enseignants, ici et à l'extérieur.

Jean-Pierre et Hélène

Quand Jean-Pierre et Hélène arrivèrent, ils étaient déjà des ministres d'expérience. Ils avaient créé et dirigé quelques églises dans la province, et Jean-Pierre avait fait du ministère à l'international pendant plus de trente ans. Pour un certain nombre de raisons, ils avaient quitté le ministère pastoral et étaient retourné dans le monde des affaires. Ils m'ont expliqué qu'ils ne considéraient aucun retour au « ministère » à court terme, mais qu'ils voulaient faire partie de la vie de l'église en étant prêts à combler les trous là où nous aurions besoin d'eux.

Jean-Pierre est un puissant prédicateur et davantage apôtre que pasteur. Il est un visionnaire dans la force du terme et m'aide toujours à voir plus loin. Je ne connais personne avec une révélation plus claire sur la loi de la semence et de la récolte. Pour être bref, les dons et l'expérience de ce couple furent réactivés, et ils font maintenant partie de notre équipe de vision et direction, en plus de diriger la branche internationale de *HODOS*, notre réseau apostolique. Jean-Pierre est aussi l'un des fondateurs d'un nouveau partenariat dans notre ville entre le monde des affaires et l'église, une organisation appelée *Le chemin idéal*.

Reginald et Kareen

J'ai rencontré Reginald à un souper de Noël régional des pasteurs et leaders. Nous avons immédiatement connecté. Quelques semaines plus tard, Reginald et Kareen étaient assis dans mon bureau devant Marie et moi.

« Le Seigneur nous a dit clairement de venir avec vous, dirent-ils, mais vous devez savoir qu'après avoir été dans le ministère pendant plusieurs années dans plusieurs villes et églises, nous avons fini de jouer à l'église. Nous regardons à l'extérieur de la boîte, et ça s'appelle l'apostolique. »

Reginald et Kareen sont tous deux des leaders charismatiques qui exercent beaucoup d'influence – un couple doué sans mesure. En un rien de temps, tout le monde les connaissait et les aimait. Reginald peut prêcher à vous couper le souffle et diriger la louange avec passion. Kareen peut mobiliser une armée de femmes et lancer des projets à la douzaine. Ils font partie de notre équipe de vision et direction et dirigent les principaux aspects du ministère pastoral Le Chemin. Comme fils et fille, ils ont entièrement embrassé le mandat apostolique de la maison et y consacrent leurs énergies.

Amy

Quand Amy est arrivée, elle était une jeune fille timide, avec quelques blessures remontant à ses années précédentes dans une autre église. Il a fallu un certain temps, mais nous avons fini par découvrir qu'elle avait une voix magnifique et un véritable appel prophétique. Nous avons vu le Seigneur la faire avancer un pas à la fois jusqu'aux premières lignes. Elle est devenue l'un des leaders de la louange et une puissante prophétesse qui dirige toute une compagnie de prophètes en formation chez nous.

Tim et Lisa

Tim et Lisa sont un cadeau que toute église voudrait recevoir. Après avoir fait du ministère en Écosse pour une saison, la situation est devenue difficile, et ils sont passés par une période de désert. Quand ils sont arrivés à Le Chemin, nous avons immédiatement reconnu l'appel qu'ils avaient, et ils se sont rapidement impliqués. Lisa s'occupe de notre service des finances et Tim donne des conseils personnels aux hommes. Il a l'un des meilleurs blogues que je n'aie jamais vu, alors je lui ai demandé d'en écrire un pour ce livre. Voici Tim :

Restauration
16 septembre 2013

Le paysage de cette nation est jonché de gens qui ont perdu leur voie. Ils ont connu la main de Dieu dans leur vie. Ils ont reçu ses grandes promesses. Ils ont marché avec lui dans de verts pâturages. Ils ont vaincu des Goliath. Ils sont pourtant devenus désabusés. À cause du péché, d'abus de la part de l'église ou simplement en raison d'espoir trompé, ils ont vu leur flamme diminuer jusqu'à ce qu'il ne reste qu'une faible lueur. Des gens qui étaient jadis une menace pour le royaume des ténèbres sont devenus des trophées de plus au tableau de chasse de Satan. Je suis sûr que vous connaissez quelques-unes de ces personnes. Notre génération en est pleine. Les désabusés ont entendu les réponses. Ils connaissent les Écritures. Ils ont entendu tous les clichés chrétiens. Rien de tout ça n'a semblé les aider, et ils ont désespérément besoin d'une bouée de sauvetage. Je suis bien placé pour le savoir. J'ai passé des années dans le désert du désespoir. J'ai connu le goût amer du lent déclin.

Ma femme Lisa et moi sommes rentrés d'Écosse en mars 2003 après y avoir passé trois ans à faire le ministère. Notre séjour en Écosse ne s'est pas terminé comme nous l'avions escompté, et nous sommes revenus au Canada pour prendre un peu de repos et voir où le Seigneur nous dirigerait ensuite. Nous ignorions complètement qu'il nous conduirait dans un désert. Je me retrouvai dans les plates-formes pétrolières au Nord, et les mois devinrent des années. Avec le temps qui passait, passa aussi le sentiment d'avoir un but. Avec la perte de but vint aussi la perte d'espoir, au point où je devins convaincu que Dieu en avait fini avec moi. J'avais perdu tout espoir pour l'avenir. La passion que j'avais d'être utilisé par Dieu pour toucher le monde de mon temps avait été réduite, du feu de joie qu'elle était, à une faible flamme vacillante. Ésaïe 40:27 dit : « Pourquoi dis-tu, Jacob… Ma destinée est cachée devant l'Éternel, mon droit passe inaperçu devant mon Dieu? » Je me sentais exactement comme Jacob. Dieu ne se souciait plus de moi. Bien sûr, j'aurais dû avoir plus de jugement que cela (je connaissais tous les versets et toutes les réponses chrétiennes), mais rien ne semblait y faire. Je me sentais mort à l'intérieur. Je me disais que j'avais eu ma chance. C'était bon le temps que ça avait duré, mais maintenant, j'étais un homme fini. Parfois, quand je travaillais dans les installations de forage, je déposais mes outils, je levais les yeux vers le ciel, et je me mettais à pleurer. Je désirais tellement plus, mais je n'avais aucune idée de la façon d'atteindre ce meilleur avenir, ni à quoi il pouvait ressembler. Les cieux me semblaient fermés. Je n'étais plus rien. Je « vécus » ainsi pendant longtemps.

Il y a une chose ou deux qui m'ont aidé à reprendre la route de l'espoir. Un des plus grands facteurs a été la ténacité d'une poignée de personnes qui ont refusé de me laisser sombrer. L'un des plus persévérants était mon beau-frère, Cory, qui me téléphonait de temps à autre pour souffler sur la « flamme » qui me restait, dans l'espoir de la ranimer. Grâce à l'investissement de quelques individus comme Cory, je commençai à penser que ma vie pouvait peut-être être rachetée.

Lors d'une des nombreuses visites que nous faisions à Cory et Diana (la sœur de Lisa) au Québec, nous les avons accompagnés à leur église, Le Chemin. Nous avons trouvé dans cette communauté des gens qui, du leadership jusqu'à la base, avaient un amour profond pour le Seigneur et les uns pour les autres, avec un engagement à servir avec passion. L'amour et l'attention que j'ai ressenties m'ont profondément touché et ont éveillé dans mon esprit un désir d'être ramené à l'homme de foi et de passion que j'avais déjà été. Quand j'ai parlé à leur pasteur – un homme remarquable nommé Alain Caron – j'ai été surpris. Il était non seulement plein d'empathie, de sagesse et d'encouragement, mais il était clair qu'il voulait me voir restauré tout simplement pour moi-même et pour le bien du royaume. Il n'avait personnellement rien à gagner à investir en moi. Il était simplement disponible. Son désir était seulement que je m'épanouisse en prenant ma place dans le royaume pour produire le fruit que j'avais été créé pour produire. Quelle bouffée d'air frais! Comment ne pouvais-je être attiré?

À l'été 2008, ma femme Lisa et moi faisions nos bagages et conduisions à travers le pays sur une distance de 3 900 kilomètres jusqu'au Québec. Partir de notre maison de Calgary pour faire un périple de 42 heures vers une culture francophone où nous n'avions qu'un seul contact familial sûr équivalait pratiquement à déménager de l'autre côté de la planète! Quand nous avons pris la décision de partir, nous n'avions aucun endroit où demeurer ni source de revenu. Mais nous savions que nous rentrions à la maison.

Les cinq dernières années à Le Chemin ont été marquantes. Il y a eu des difficultés, et il y a eu des miracles. En tout et partout, ma vie a été restaurée, et encore plus. L'appel du Seigneur pour ma vie est de relever les désabusés, et j'ai trouvé ici une base d'opérations à partir de laquelle je peux accomplir ma destinée avec du soutien, en toute sécurité et librement.[1]

---

1 Vous pouvez suivre le blogue de Tim Knapp au www.desertofziph.ca.

NOTRE ALIGNEMENT COMME TRIBU

Comme je l'ai écrit dans l'introduction, j'ai rencontré Peter Wagner en juin 2012 à l'occasion de notre première conférence apostolique à Le Chemin. Quelques mois plus tôt, Doug Schneider m'avait parlé de son nouvel alignement avec Peter. Je dois dire que j'étais un peu perplexe devant tout cela, mais soudain le Seigneur a parlé clairement à mon cœur : « Invite Peter Wagner, et ne perds pas de temps. » Je me suis dit que cet homme avait quelque chose à déposer dans la vie de notre centre apostolique et que, pour une raison ou une autre, le Seigneur savait que cela devait se produire plus tôt que tard. Je n'avais cependant aucune intention de poursuivre avec lui la relation après l'événement. Je ne cherchais qu'à recevoir le dépôt que Dieu avait pour nous au travers de Peter.

La conférence commençait un jeudi soir, et Peter a immédiatement conquis nos cœurs. Nous aimions son air d'enfant, son cœur de père et l'autorité apostolique que Dieu lui avait donnée. Samedi matin, très tôt, le Seigneur me parla de nouveau : « Je veux que tu t'alignes avec Peter. » Notre première rencontre, ce jour-là, était pour les leaders et j'y suis allé avec un plan.

Après un temps de louange, au lieu d'inviter Peter à parler, je lui dis que j'avais quelque chose de spécial à faire. J'appelai d'abord mon épouse à me rejoindre en avant, de même que le plus jeune de nos deux fils, David, qui représentait son frère aîné qui était absent. Puis j'invitai nos parents spirituels, les pasteurs Jean-Claude et Valerie, et ensuite tous les membres de l'équipe apostolique, de même qu'un couple d'une autre église que nous considérions comme un fils et une fille. Nous devions bien être une trentaine de personnes debout devant Peter, tandis que le reste de l'assistance nous regardait, se demandant ce que j'avais en tête.

Je dis à Peter que je venais devant lui avec ma famille spirituelle demander le privilège et l'honneur de m'aligner avec lui, pas seulement en tant qu'individu, mais comme tribu. Je me sentais comme une famille d'Israël devant un patriarche! Peter accepta gracieusement et nous dit en souriant que c'était la première fois que quelqu'un lui demandait de s'aligner d'une telle façon.

Je ne saurais trop insister sur le bénéfice d'être correctement aligné. C'est un principe qui a toujours fait partie des Écritures et que nous redécouvrons aujourd'hui dans le mouvement apostolique. Que les os s'assemblent pour recevoir le souffle de vie – une vie abondante!

CHAPITRE 6

Activer les saints pour une vie exponentielle

LA MEILLEURE PART

Une des principales caractéristiques d'un centre apostolique est l'importance accordée à la formation des gens pour le ministère. J'appelle cela *activer les saints pour une vie exponentielle*. Pourquoi est-ce que j'emploie cette formule? Jésus a dit : « Ma nourriture est de faire la volonté de celui qui m'a envoyé, et d'accomplir son œuvre. » (Jn 4:34) Si remplir le mandat apostolique était ce qui donnait à Jésus sa subsistance, la même chose devrait être vraie pour nous, et nous devrions trouver une qualité de vie dans notre activation qui ne se compare à rien d'autre. Je crois que c'est ce que Jésus avait en tête quand il dit : « Je suis venu afin que les brebis aient la vie, et qu'elles l'aient en abondance. » (Jn 10:10) Cette vie abondante n'est pas réservée seulement pour notre état futur, mais a aussi beaucoup à voir avec notre implication active aujourd'hui même. Notre nourriture est de faire la volonté de celui qui nous a envoyés!

Donc quand nous invitons les gens à être des membres actifs du corps de Christ, nous leur offrons en fait la meilleure part. Où d'autre trouveraient-ils cette douce communion avec le Saint-Esprit sinon dans les champs de sa moisson? Nous avons souvent des perceptions erronées sur l'intimité. Après bien des hauts et des bas dans leurs fréquentations, la Sulamithe confie finalement à son bien-aimé le lieu où leur union pourra être consommée : « Dès le matin nous irons aux vignes, nous verrons si la vigne pousse, si la fleur s'ouvre, si les grenadiers fleurissent. Là je te donnerai mon amour. » (Ca 7:13) Elle avait bien raison, comme les premiers disciples allaient aussi le découvrir. Le lieu de la communion avec le Seigneur existe toujours dans le contexte de notre mission qui se continue : « Et ils s'en allèrent prêcher partout. *Le Seigneur travaillait avec eux*, et confirmait la parole par les miracles qui l'accompagnaient. » (Mc 16:20, c'est nous qui soulignons.)

FORMER ET ENVOYER

Dans cette optique, nous voyons notre centre apostolique comme un camp de formation et une base pour l'envoi. Notre approche est pratique plutôt que limitée à la seule théorie. Suivant le modèle que Jésus a développé en envoyant les douze, puis les soixante-dix, nous cherchons les occasions de laisser les saints faire le ministère plutôt que de le faire à leur place.

Même le service du dimanche matin peut devenir une session de formation. Nous prions parfois ainsi : « Saint-Esprit, nous te demandons ce matin de faire un atelier pour chacun de nous et d'activer le don de prophétie. » Puis nous formons avec les gens des petits groupes et pratiquons les uns sur les autres. À d'autres moments, nous avons demandé que les dons de parole de connaissance et de guérison soient manifestés. Nous avons ensuite donné l'opportunité à tous ceux qui se sont identifiés à cette condition de se lever pour que les gens les entourent et prient pour eux. Nous avons été témoins de plusieurs guérisons de cette façon, et ce n'était pas « de la tribune » ou « à l'autel » (bien que nous utilisions aussi ces dernières méthodes en d'autres temps). Quelle explosion de joie quand tout le sanctuaire se transforme en camp de formation exubérant rempli de gens ordinaires qui deviennent des saints extraordinaires!

Le message que nous prêchons systématiquement est que

chaque saint, sans exception, a un appel divin et la capacité de toucher le monde avec une habileté surnaturelle. Nous répétons sans cesse que par le sang de Jésus-Christ et dans la puissance du Saint-Esprit, nous sommes devenus représentants du royaume de Dieu, porteurs de la gloire, portes vivantes des cieux sur la terre, conquérants et agents de changement dans ce monde. Nous rejetons le christianisme passif et nous nous considérons comme des transmetteurs de la vie qu'il a versée en nous.

CROISSANCE

Ce qui s'est produit avec le temps, c'est que la culture de notre église en est devenue une où les gens ont une joyeuse attente de voir des choses arriver et le Saint-Esprit agir. Il y a de l'effervescence dans un centre apostolique!

Au sein d'une culture francophone, que plusieurs considèrent difficile et résistante à l'évangile, nous voyons finalement une croissance constante avec l'ajout régulier de personnes nouvellement sauvées. Des baptêmes ont lieu quelques fois par année, donnant lieu chaque fois à des explosions de joie. Les gens amènent des amis, qui amènent d'autres amis. De jeunes familles remplissent les lieux, et nous connaissons un véritable « baby boom »! Un bon tiers de la congrégation a moins de douze ans, et on continue de nous annoncer de nouveaux bébés. Il semble que le spirituel et le naturel sont synchronisés là-dessus. Une saine reproduction est un bon signe; il y a de l'amour dans l'air.

La même dynamique se retrouve dans les ministères et les cellules (ou petits groupes). Nous utilisons pour les cellules le modèle du « marché libre », avec un cycle de deux semestres par année, et nous devons ajouter une troisième session, plus courte, pour remplacer la pause d'été, parce que les gens ne veulent tout simplement pas arrêter! N'est pas assez *cool*? Le nombre de cellules augmente à chaque semestre. C'est ce qui se produit quand les gens comprennent la vision apostolique. Ils sont activés et veulent tous faire quelque chose. Ils viennent avec des projets et des idées, des propositions et des initiatives. Le nouveau défi pour l'équipe administrative n'est plus de mobiliser les gens mais bien de jongler avec les horaires et l'utilisation des salles, essayant de coordonner et d'accommoder le flot d'activité qui est constamment libéré. Nous avions l'habitude d'expliquer que le mot *cellule* n'était pas associé aux cellules d'une prison mais aux cellules d'une ruche. Eh bien! La ruche est certainement devenue réalité à notre adresse.

Nous en sommes venus à un point où j'ai dû aborder la situation parce que, si l'on raisonnait de façon classique, il semblait que nous avions trop de cellules pour une congrégation de notre taille. Voici comment j'ai présenté la chose un dimanche matin : « Il y a tellement de cellules prêtes à être lancées que ça n'a aucun sens. Mais quand j'y réfléchissais, j'ai ressenti que le Seigneur me demandait pourquoi je voulais imposer une limite. S'il y a deux cents personnes dans la congrégation, pourquoi ne pourrions-nous pas avoir deux cents cellules? Ou même plus? Toutes les personnes qui sont ici pourraient diriger une cellule et atteindre des gens. Nous devons déplacer notre cible de l'église à la ville. » Voilà une vision apostolique! Ce jour-là, nous avons fait un pas de plus vers une mentalité du royaume. Nous sommes encore bien loin du nombre de cellules qui correspondrait au nombre de sièges occupés les dimanches matin (ce qui maintenant signifie environ trois cents), mais nous continuons de grandir, et la vision est là, droit devant nous.

TOUTES LES NATIONS

De temps à autre, je regarde les gens et leur dit : « Vous êtes la meilleure église au monde. » Techniquement, on pourrait argumenter sur ce point, mais mon cœur est totalement irrationnel sur ce sujet. Je vois parfois une lumière entrer dans la salle et les gens briller d'une beauté surnaturelle. L'église est réellement le reflet de Christ. Il a dit : « Ma maison sera appelée une maison de prière pour toutes les nations. » (Mc 11:17) C'est cela que je vois se développer devant mes yeux semaine après semaine.

Nous sommes une maison spirituelle faite de plusieurs langues et nations. Notre vision première est pour les Canadiens français, puis les nations francophones du monde entier. Mais nous avons aussi à cœur le Canada et toutes les nations de la terre, avec un amour spécial pour Israël, la première de toutes les nations dans le cœur de Dieu.Pour que vous puissiez mieux comprendre l'ADN Le Chemin, permettez-moi de vous brosser un tableau très sommaire du Canada. Le pays est constitué de quatre grands groupes : les Premiers peuples (Premières nations, Inuit, et Métis), les Canadiens français (originellement de France), les Canadiens anglais (originellement d'Angleterre, d'Irlande, et d'Écosse), et les derniers immigrants venus du monde entier. Il y a une longue traînée de tension entre les trois premiers groupes, et beaucoup de péchés qui jalonnent notre histoire. C'est pourquoi vous les verrez rarement socialiser sous le même toit bien longtemps. Mais nous savons qu'une rédemption viendra guérir ce pays, et que nous serons un peuple uni dans l'amour de Dieu. Le Chemin fait partie de cette rédemption.

En ce qui nous concerne, tout a commencé quand le pasteur Jean-Claude a épousé Valerie, une anglaise du Nouveau-Brunswick. Ils étaient une image prophétique de l'unité que le Seigneur voulait voir dans son corps. Dès le début de l'église, les rencontres furent bilingues. Plus de trente-cinq ans plus tard, nous évoluons toujours dans le même contexte, et notre congrégation est composée de francophones et d'anglophones qui vivent harmonieusement ensemble. Nous chantons dans les deux langues, prêchons accompagnés d'un interprète, et rions ou pleurons dans la langue de notre choix. Nous avons des relations d'alliance avec des leaders des Premières nations et un engagement continu avec des amis juifs d'Israël.

Mais pour compléter le tableau, nous devons mentionner que nous avons près de vingt nations représentées dans la maison. Quand la loi de l'attraction apostolique est entrée en action, ils ont commencé à arriver. Nous les avons tous embrassés dans leur diversité, et nous sommes devenus un. Ceci est tout à fait vrai. Nous n'avons aucune cellule culturelle ou soirée spéciale pour groupe spécial. Nous sommes ensemble et refusons d'être séparés par nos différences nationales. Nous nous célébrons les uns les autres dans les dons que nous représentons et mangeons des mets exquis que nous ne connaissions pas auparavant!

J'ai fait cette longue parenthèse pour que vous compreniez que dans notre contexte, quand nous parlons d'activer les saints pour une vie exponentielle, cela décolle dans toutes les directions avec le potentiel de toucher les cultures et les sphères variées de la société. Nous sommes appelés à être une représentation de la maison du Père sur la terre, avec une longue table pour tous. Quand nous marchons dans ce type d'unité, nous avons l'autorité de parler et d'amener l'influence du royaume de Dieu dans les affaires de ce monde.

Dans les prochaines pages, je vais vous raconter quelques-unes des histoires qui révèlent ce qui se produit quand les saints sont activés.

UN TOIT POUR HAÏTI

Le prophète réticent

En novembre 2009, je visitais l'Église Évangélique Unie, une petite église indépendante de Port-au-Prince, en Haïti. Nous avions l'assemblée au sous-sol du bâtiment parce qu'il n'y avait pas de toit sur l'église. La construction avait été arrêtée des années auparavant, faute de fonds. La congrégation était composée des gens les plus pauvres que j'avais jamais rencontrés, au centre d'un bidonville désolé. Lloyd, le nouveau pasteur, était un vrai fils de cette communauté et avait grandi dans cette église. Quand je me suis levé pour prêcher, je l'ai regardé, puis mon regard s'est déplacé vers le pasteur fondateur, maintenant un vieil homme frêle, honoré et aimé de tous, qui était assis à l'arrière de l'église, et un esprit de prophétie s'est soudain levé en moi.

« Votre église deviendra un agent de changement dans cette communauté. Vous toucherez à l'économie de tout le quartier et lui apporterez la transformation et la prospérité. Vous serez un signe pour la communauté qu'un bidonville peut être transformé.

Et le Seigneur dit que votre signal sera le toit qui sera placé au-dessus de ce bâtiment. »

Je n'arrivais pas à croire les mots qui sortaient de ma bouche. En même temps que je déclarais ces paroles avec hardiesse, sachant que le don de prophétie était en opération, mes pensées se bousculaient anxieusement dans ma tête, et je me disais : *pourquoi est-ce que je fais naître de faux espoirs chez ces pauvres gens? D'où l'argent pour ce toit pourrait-il bien venir? Je n'ai absolument aucun moyen de trouver ce qu'il faut en ce moment, et ils ont encore moins de chance de trouver eux-mêmes le moindre sou.*

Mais les paroles continuaient de sortir avec force. Pointant le vieux pasteur à la retraite dans le fond de la salle, je continuai : « Et vous, pasteur, vous verrez ceci arriver de vos propres yeux. »

Le tremblement de terre

Quelques semaines après que je sois rentré au Canada, le tremblement de terre destructeur du 12 janvier 2010 frappait Haïti, tuant 250 000 personnes. Le pasteur Lloyd était dans sa petite maison quand les secousses ont commencé. Il a eu juste le temps d'attraper la plus jeune de ses filles et de la couvrir de son propre corps avant que le toit de béton ne tombe sur eux. Ils furent miraculeusement sauvés, bien que Lloyd fut blessé et dut être opéré à l'un de ses pieds. Mais plusieurs familles de l'église perdirent des bien-aimés – des papas, des mamans, des fils et des filles.

Le bâtiment de leur école s'écrasa complètement, mais l'église comme telle resta debout, avec des fissures et autres dommages qui pouvaient être réparés. Je suis allé les visiter à quelques reprises après le séisme, apportant un ministère d'encouragement avec les équipes que j'amenais avec moi, mais je me posais toujours des questions à propos de ce fameux toit.

Une étincelle de foi

À la fin de 2011, je faisais un autre voyage en Haïti. Comme je constatais une fois de plus le courage et la détermination de mes frères haïtiens – leur foi, leur persévérance, et l'amour qu'ils avaient les uns pour les autres – quelque chose m'arriva soudainement, et je fus rempli de foi, presque deux ans après avoir donné la prophétie. Je me tournai vers Marculey, le fils du pasteur fondateur et, dans une montée d'enthousiasme, je lui dis : « Rencontrons un ingénieur et voyons ce qu'il faut faire pour solidifier les fondations de l'église et y mettre un toit! »

Le coût total fut estimé à 25 000 $ CAN, et il fut décidé que le contrat serait donné à des professionnels haïtiens plutôt que d'essayer de faire venir des ouvriers du Canada. Je leur dis de commencer à faire les plans et que notre église au Canada fournirait les fonds – mais je n'avais aucune idée de la façon dont ça se ferait!

La vision engendre la foi

Je suis rentré avec ce projet qui brûlait dans mon cœur, et j'ai prêché un message intitulé « Un toit pour Haïti ». C'était dimanche matin, le 8 mai 2011. Rappelez-vous que nous étions dans notre deuxième année de transition d'une église locale traditionnelle à un centre apostolique. J'ai dit aux gens que l'église apostolique de la fin des temps en était une qui prenait soin du peuple de Dieu, et que nous devions nous exhorter aux bonnes œuvres et amasser 25 000 $ pour mettre un toit sur l'église que nous supportions à Port-au-Prince, et qui avait si cruellement souffert du tremblement de terre.

Durant la semaine qui suivit, Jean-Pierre, un de nos leaders principaux, demanda à me voir. Nous nous sommes rencontrés au restaurant et il me dit qu'il avait à cœur de diriger les efforts de financement pour le projet. Je confirmai qu'il était en fait la personne que j'avais en tête.

Se penchant en arrière dans sa chaise, il commença à m'expliquer son plan : « J'évalue qu'il faudra une période d'un an pour compléter le projet, et… »

Je l'arrêtai tout de suite, le regardai droit dans les yeux, et dis : « Que dirais-tu de le faire avant la fin de cette année? »

Il me regarda à son tour pour voir si je blaguais. Nous étions une congrégation d'environ 150 personnes, en comptant les enfants, sans aucun sou en banque et sans personne de fortuné parmi nous. Mais Jean-Pierre est un homme de foi qui aime les défis.

Quand il réalisa que j'étais tout à fait sérieux, il synchronisa sa foi avec la mienne et dit : « D'accord, on va le faire. » À ce moment-là, je savais que c'était une affaire conclue.

Méga vente de garage

Yvan suggéra que nous fassions une méga vente de garage sur le terrain de l'église. Le 23 juillet, nous avions non seulement une cour pleine avec plus de vingt tables d'articles que les gens nous avaient donnés pour qu'on les vende, mais notre jeunesse faisait aussi un lave-auto en face de l'église, tandis qu'à l'intérieur nous avions un salon de coiffure, une table de manucure, une boutique de bijoux, et une station gratuite de prière. Ce fut une journée fantastique avec un grand taux de participation de la part de la congrégation. À la fin, nous avions amassé plus de 8 000 $.

Une offrande historique

Jean-Pierre annonça que nous allions préparer une offrande de réveil pour le dimanche de l'Action de grâce, le 9 octobre. Nous avions comme instruction de demander à Dieu au cours des prochaines semaines quel montant chacun devait semer; ce serait la seule offrande que nous prendrions pour le projet. Nous avons répété ce plan de dimanche en dimanche, avec un but de 17 000 $, puisque avec la vente de garage nous avions déjà accumulé 8 000 $. Je ne suis pas certain si quelqu'un croyait vraiment que nous allions atteindre 17 000 $ dans une seule offrande, mais nous espérions nous en approcher le plus possible.

Le dimanche de l'Action de grâce arriva et tout le service fut consacré à l'offrande de réveil. Après une exhortation passionnée de Jean-Pierre, nous avons commencé à apporter nos offrandes dans une atmosphère électrique, criant et dansant, conduits par l'équipe de louange qui jouait avec force. Deux paniers furent placés à l'avant et nous avions aussi un terminal pour les dons électroniques dans une autre salle. Les gens commencèrent à apporter des piles d'enveloppes, de chèques et d'argent comptant dans les paniers, et à faire la file pour donner au terminal. Nous avions une équipe qui comptait dans un bureau au fond, tandis que nous continuions à chanter en attendant les résultats. Le compte pour le premier panier fut donné – plus de 10 000 $! Les gens se mirent à crier. On continua à chanter et à se réjouir, puis le compte du deuxième panier arriva – un autre 16 000 $! Finalement, on annonça le compte des dons électroniques – 6 000 $! Nous avions reçu un total de *32 000 $!* Une offrande historique et miraculeuse venait d'avoir lieu!

Activité angélique

Après ces totaux, Amy a partagé cette vision :

> Au début du service j'ai vu une catégorie d'anges, qui étaient comme des scribes qui venaient prendre note de ce qui allait se passer au courant de la matinée.

> Puis, pendant l'offrande, j'ai ressenti que cela plaisait au Seigneur de voir les gens donner. D'ailleurs, j'ai vu l'image de l'épouse vêtue de blanc venant devant Jésus avec un panier d'offrandes. C'était glorieux. Il y avait une interaction entre les deux. Cela plaisait tellement au Seigneur qu'il a déclaré qu'il lui redonnerait en onction, en honneur, en gloire, en puissance. Il y aura une augmentation d'onction, de révélation, afin d'aller à un autre niveau en lui.

> Après cela j'ai vu une autre sorte d'anges, beaucoup plus grands, qui sont descendus pour remplacer les autres. Ils avaient l'air d'être des guerriers. Ils sont venus avec des dons pour nous. De l'onction, du surnaturel, de la révélation, de la guérison – tout ce qui est en rapport avec les ministères de l'église.

Je ressens qu'on est entré dans une nouvelle dimension, et que le don que nous avons fait a brisé beaucoup de choses. Entre autres, nos cœurs ont été révélés, et cela a plu à Dieu.

Souper bénéfice

Le samedi suivant, nous avions un souper bénéfice avec des dignitaires – l'ambassadeur d'Haïti, le maire et son épouse, et nombre de représentants du milieu des affaires. Nous avons montré une vidéo de notre projet, entendu quelques discours des dignitaires, reçu un chèque d'une des compagnies présentes, pris une offrande, et à la fin de la soirée, nous savions que le projet avait maintenant en caisse 50 000 $ – le double de notre objectif de départ!

Développements accélérés

Avec 50 000 $, nous avons pu non seulement mettre un toit, mais aussi rénover tout le bâtiment, et l'équiper de sièges tout neufs pour remplacer les vieux bancs inconfortables qui étaient plus que vétustes. En février 2012, huit membres de l'église Le Chemin assistaient à l'inauguration.

Cette église, et je dois aussi dire le leadership du pasteur Lloyd, a connu une courbe d'accélération dans sa croissance et son développement. Le nombre de fidèles a déjà doublé pour atteindre quatre cents personnes, et Lloyd m'a dit qu'ils font des plans pour ajouter un balcon. Ils envoient véritablement un signal à tout le quartier et deviennent le point de référence pour échapper au cycle de la pauvreté. Je m'explique.

Dans tous nos échanges, nous avons toujours comme philosophie de relever nos amis d'Haïti. Nous avons insisté dans nos messages et nos enseignements sur le fait que c'était *leur foi* qui avait produit le changement qu'ils avaient connu, et que même les fonds que nous avions fournis n'étaient que le résultat de l'activation de leur foi manifestée dans la prière. Nous nous sommes assurés qu'ils dirigent l'ensemble du projet, et ils ont fait des merveilles, bien au-delà de ce qui aurait normalement pu être accompli avec les montants disponibles. Au travers de tout cela, ils se sont vraiment levés et ont commencé à rêver de nouveau et à assumer la responsabilité pour leur succès. Ceci, plus que les finances, est la victoire qui flotte bien haut au-dessus de leur toit.

Un des défis auquel la population du quartier a été confrontée est la détérioration des rues. La situation s'est tellement aggravée que les automobiles ne peuvent même plus y passer à moins d'être équipées de quatre roues motrices. C'est pourquoi j'étais si heureux quand j'ai reçu un appel téléphonique me disant que la mairesse avait convoqué la population du district pour faire l'annonce officielle que la rue passant directement devant l'église serait complètement refaite. Et où la mairesse annonça-t-elle cette bonne nouvelle? À l'église!

La dernière fois que je suis allé en Haïti, j'ai remarqué des jeunes garçons de l'église qui se promenaient pour offrir de cirer les souliers. Je ne les avais jamais vus faire cela auparavant et je me demandais pourquoi ils le faisaient maintenant. Puis, pendant le service, à travers mon créole rudimentaire, je compris par bribes qu'ils parlaient d'une offrande spéciale et de certaines activités menées par les jeunes, mais je n'étais pas certain de tout ce que cela voulait dire. Je me penchai vers un des hommes et lui demandai de m'expliquer ce qu'il en était. « Oh, il parle de l'offrande spéciale que nous préparons et des activités des jeunes pour amasser des fonds pour notre projet. Nous voulons mettre un toit sur une église pauvre de Jacmel. » J'aurais pu pleurer.

Une des caractéristiques d'un centre apostolique devrait être d'aider d'autres églises à atteindre leur destinée apostolique. C'est ce qui se produit avec nos amis. Lloyd assure maintenant le leadership d'un nombre croissant d'églises dans différentes villes et dans d'autres régions du pays. Il grandit comme leader de confiance et apôtre plein d'amour, et son église se développe comme centre apostolique florissant.

Un avenir qui promet

Comme nous poursuivons notre association avec nos amis d'Haïti, deux autres églises canadiennes se sont jointes à nous avec un plan à long terme pour le développement de la communauté. Nous faisons des plans pour rebâtir l'école qui s'est écrasée dans le tremblement de terre (en ce moment ils tiennent leurs classes dans le sous-sol de l'église). Nous appelons ce projet *Une école pour Haïti*. Puis nous avons commencé le projet de construire une route de 13 km dans les montagnes pour relier une population isolée aux services de santé et à l'éducation. Cette entreprise s'appelle *Une route pour Haïti*. La seule façon de se rendre dans ces montagnes est de marcher pendant des heures, des gens portant des marchandises sur la tête, en utilisant aussi des mulets et des ânes. Nous y sommes allés en 2012, et une infirmière que nous avions emmenée avec nous a aidé à l'accouchement d'un bébé qui, sans cette aide, serait mort et la mère aussi, fort probablement. Le ministère apostolique, voyez-vous, n'est pas seulement fait de théologie et de discours : il apporte l'évangile du royaume à un monde fracturé en mal de transformation.[1]

LE CHEMIN IDÉAL

La vision d'un jeune entrepreneur

Je dois confesser quelque chose. Après avoir pris l'offrande de 32 000 $, j'avais peur que les revenus de l'église diminuent pendant un bout de temps jusqu'à ce que les gens se remettent de leur gros don (je sais, je sais, pas très glorieux pour un apôtre, mais j'essaie d'être transparent). En fait, c'est tout le contraire qui se produisit. À partir de ce jour, les dons montèrent d'un cran pour ne jamais redescendre.

Cependant, je ne savais pas encore que ce serait le cas quand, juste quelques semaines après cette offrande, Nicholas, un jeune

---

1 Si vous aimeriez nous aider dans nos efforts pour Haïti, visitez notre site web au http://www. lechemin.ca/mission_comp-e.php.

entrepreneur de notre église, me dit : « Nous n'avons pas de programme de paniers de Noël. J'aimerais faire quelque chose pour bénir notre communauté. Serais-tu intéressé à aller dans cette direction? Je m'occuperais de la campagne de financement auprès des entreprises de la ville, et l'église ferait les boîtes et la livraison. »

Nicholas et son épouse Nancy s'étaient joints à Le Chemin environ un an plus tôt. Avant cela, ils faisaient partie d'une église très conservatrice. La découverte du style de vie charismatique au milieu de nous leur avait apporté une joie nouvelle et une toute nouvelle vision de la vie chrétienne, où Nicholas avait ressenti qu'il pouvait finalement employer son énergie d'entrepreneur au développement du royaume de Dieu.

Trois semaines pour réussir

Le temps pressait; nous étions déjà à la fin octobre, et je savais que les gens avaient besoin de se reposer après toutes les activités que nous venions de terminer pour Haïti. À cause de tout cela, je n'étais pas sûr que ce soit le bon moment de lancer un autre projet. Mais Nicholas est un jeune homme très enthousiaste et, pour tout vous dire, je ne savais pas comment lui dire non. Après tout, quand vous n'arrêtez pas d'activer les gens dans une pensée apostolique, vous devez être prêt à les voir se lever avec des visions.

Je lui ai demandé combien d'argent il pensait pouvoir récolter. Il me dit qu'il avait un objectif de 25 000 $. « D'accord. Tente le coup. »

J'avais besoin que quelqu'un de l'équipe nouvellement formée de vision et direction marche avec lui dans ce projet, alors j'ai demandé à Jean-Pierre. Il a dit oui tout de suite.

Nicholas s'est mis au travail et, en trois semaines il avait non seulement atteint son objectif, mais il était allé bien au-delà, amassant 37 500 $ auprès de quinze entrepreneurs de la ville. Jean-Pierre mit sur pied une grande équipe et fit les recherches pour savoir où et comment les paniers seraient distribués.

La stratégie se présentait en deux phases : faire une liste des familles dans le besoin au travers des contacts de l'église, et travailler avec les organismes de bienfaisance existants comme Grands Frères Grandes Sœurs, l'Association des familles monoparentales, Option Femmes Emploi et d'autres.

La journée d'emballage et de distribution fut un vrai *party*. Nous avons emballé les boîtes dans le sanctuaire de l'église, le mettant sans dessus dessous, tachant le tapis, s'amusant comme des fous! Des paniers d'une valeur de 250 $ chacun furent distribués à 150 familles.

Progression explosive

Peu de temps après le Nouvel An, nous avons organisé un gala d'honneur pour remercier tous ceux qui avaient participé au projet. Nous avions dans l'assistance tous les bénévoles, les entrepreneurs et le maire de la ville. Les gens pleuraient en regardant la vidéo de tout ce qui avait été fait. Puis Nicholas a lancé la vision pour 2012 : un objectif de 100 000 $!

D'après vous, Nicholas a-t-il atteint cet objectif pour la seconde année? Vous pouvez en être sûr! Quarante-et-un entrepreneurs ont participé, et des paniers d'une valeur de 550 $ chacun ont été distribués à 300 familles, pour un total de 165 000 $; nous avions 45 000 $ qui restaient, et nous avons décidé de les investir pour des besoins spécifiques durant l'année.

Un nouveau partenariat dans la ville

Voyant cette progression, nous avons amené la vision au prochain niveau et établi une nouvelle organisation. Les deux joueurs principaux étant Le Chemin et Protéine Idéale, la compagnie avec laquelle Nicholas est associé de près, Jean-Pierre a suggéré de combiner les deux noms et d'appeler la nouvelle organisation *Le chemin idéal*, un partenariat explosif entre des leaders de deux sphères d'influence dans la ville : l'église et le monde des affaires.

Le chemin idéal poursuit l'objectif de consacrer un tiers des fonds reçus aux paniers de Noël et les deux tiers restants à transformer la vie de familles spécifiques – familles monoparentales et familles où les enfants sont menacés par la pauvreté. Nous voulons les aider à passer au prochain niveau pour qu'ils n'aient plus besoin de recevoir des paniers de Noël dans le futur. Par exemple nous pouvons payer les frais de scolarité pour que des parents fassent un retour à l'école, payer les frais de garderie pour que les parents puissent avoir des activités en dehors du foyer, acheter une automobile pour un parent célibataire dans le but de permettre l'accès à un meilleur travail, payer pour de l'aide ou du soutien professionnels.

S'attaquer à la pauvreté à la source devrait certainement être un objectif que les centres apostoliques poursuivent dans leur ville et dans leur nation. On peut y arriver grâce à la créativité et à la puissance libérées lorsque les saints sont activés pour vivre de façon exponentielle.

UNE MÈRE CÉLIBATAIRE TOUCHE LA VILLE

Anik est une mère célibataire avec quatre enfants. Elle vit dans un quartier où la ville gère des logements à prix modique pour les gens qui ne peuvent se permettre les prix élevés du marché. Parce qu'elle est seule pour élever ses enfants, Anik n'a pas été en mesure de travailler à l'extérieur du foyer depuis plusieurs années.

Quand nous avons commencé à activer les gens pour qu'ils proposent des idées de cellules, Anik a voulu essayer quelque chose. Avec l'encouragement qu'elle recevait dans l'église, elle avait déjà commencé à développer un don artistique prononcé, jusque là demeuré latent, pour la peinture et la fabrication d'objets artistiques. Son idée était d'utiliser ce don pour implanter une cellule là où elle vivait, dans le centre communautaire adjacent à son appartement.

Elle a rencontré les administrateurs du centre et proposé un atelier sur le développement personnel à travers les arts. Ils ont aimé l'idée, mais étaient hésitants face à l'aspect spirituel du projet, ayant dans le quartier des gens de diverses religions. Anik répondit qu'elle n'avait aucune intention d'imposer sa foi à qui que ce soit et qu'elle voulait laisser chacun trouver sa propre expression à travers les arts. Elle demandait seulement de pouvoir faire une prière au début et à la fin, et si cela posait un problème pour quelqu'un, cette personne pourrait sortir pour ce court moment puis revenir sans problème.

Il y eut plusieurs semaines d'attente avant qu'ils rendent leur décision. Ils n'avaient jamais ouvert la porte à des activités chrétiennes dans leur centre et ils étaient, de toute évidence, très prudents par rapport à cette éventualité. Ils ont finalement dit oui et ont offert de fournir des jus et des amuse-gueules pour les rencontres qu'Anik ferait.

L'activité a remporté un grand succès! Explorant des thèmes comme l'estime de soi, le respect, l'amour et la paix, les gens du quartier ont trouvé un véhicule pour exprimer leur cœur grâce à de magnifiques créations artistiques. À la fin du semestre, une exposition a été organisée dans le centre communautaire, et il était étonnant de voir que, sans aucunes instructions directes de la part d'Anik relativement à la foi, le symbolisme chrétien était hautement présent dans l'ensemble des œuvres.

L'été a passé, puis un autre semestre a commencé. Le centre communautaire était heureux d'ouvrir de nouveau ses portes à Anik. En novembre, un dîner de gala était organisé pour tous les bénévoles de la ville. La population de notre ville s'élève à 270 000 personnes, ce qui fait que nous avons un grand nombre de bénévoles.

Anik était heureuse d'être là et elle regardait toutes ces personnes qui avaient donné tellement de leur temps pour bénir leur communauté. Quand les organisateurs ont mentionné qu'un prix serait remis au bénévole ou à la bénévole de l'année, elle regarda quelques personnes âgées qui, à ses yeux, étaient des « bénévoles professionnels », et attendit de voir qui gagnerait le prix, se réjouissant d'avance pour cette personne. Quand les présentateurs commencèrent en disant que cette année le prix allait être décerné à une mère célibataire, son cœur s'arrêta de battre. Elle n'arrivait pas à le croire. La pensée de cette possibilité n'avait jamais même effleuré son esprit. Mais c'était bien vrai. Anik avait été choisie comme bénévole de l'année pour 2012.

J'aime cette histoire. Elle illustre la puissance rédemptrice de l'activation apostolique. Anik a continué, et on l'a approchée avec la possibilité de présenter ses ateliers dans d'autres centres communautaires de la ville. On a discuté de lui offrir des cours d'animation communautaire et de lui donner un emploi rémunéré dans les centres.

WHEN THE SAINTS GO MARCHING IN

Je pourrais raconter plusieurs autres histoires sur la vie abondante qui est libérée quand les gens sont activés pour le royaume de Dieu. Je pourrais parler de Jocelyn (le même qui est mentionné au chapitre 1) et du *Café Expression* qu'il dirige les samedis soir et qui accueille des artistes d'un peu partout. Je pourrais mentionner Pauline et Robin qui touchent leur village ou Augustin et Aimée, Jeanne, et plusieurs autres.

Nous avons vu une explosion de nouveaux ministères se lever dans une atmosphère qui est devenue contagieuse. Dans le prochain chapitre, nous plongerons dans cette atmosphère.

CHAPITRE 7

Célébration aux portes – échelle incluse

LE SONGE DE JACOB

> Que ce lieu est redoutable! C'est ici la maison de Dieu, c'est ici la porte des cieux! (Ge 28:17)

Je ne pense pas pouvoir trouver de plus brillante façon de décrire les dynamiques qu'on devrait retrouver dans les rencontres apostoliques hebdomadaires que ce que Jacob a dit en s'éveillant de son rêve. Sa phrase est l'une de ces extraordinaires pépites de la Bible qui réussit, en quelques mots seulement, à circonscrire des réalités surnaturelles et complexes.

Il y a dans le cœur humain un profond désir de faire partie d'une maison et, si cette maison est la maison de Dieu, nous savons que ça devient une bonne nouvelle. À sa seule mention, il y a un sentiment immédiat de paix et de sécurité qui se dégage. La raison en est simple : la présence du Père. Il est une présence rassurante. Il est le cœur de la maison, et il s'entoure d'une grande compagnie de fils et de filles. Entre eux règne l'harmonie – des moments de rire et d'action, des moments de sourires paisibles et de repos; c'est la chaleur d'une famille saine. À cause de l'amour qui remplit cette maison, on ne peut trouver d'endroit plus sûr pour célébrer de tout son cœur.

Je ne sais pas si vous avez déjà fait la fête chez quelqu'un, lorsqu'on sort les guitares et que les gens commencent à taper des mains et à chanter, et qu'on pousse la table et les chaises le long des murs pour faire plus de place pour danser dans la cuisine, et que les enfants deviennent si excités qu'ils commencent à sauter et à courir, et que d'autres personnes continuent de se présenter à la porte pour se joindre au groupe? Jacob a dit : « C'est ici la maison de Dieu. » Nos dimanches matin à Le Chemin se passent parfois ainsi.

Cependant, cette image ne serait pas complète sans la révélation que Jacob a reçue sur le côté invisible des choses : « C'est ici la porte des cieux. » Pourquoi a-t-il dit cela? Il venait de voir dans son rêve une échelle qui était appuyée sur la terre et dont le sommet touchait au ciel. Des anges montaient et descendaient par cette échelle, tandis que l'Éternel lui-même se tenait au-dessus d'elle et déclarait ses puissantes promesses pour la vie de Jacob et de sa postérité. Jacob réalisa qu'il se tenait au seuil d'une réalité qui surpassait celle du monde naturel. Il comprit que la maison de Dieu est un portail qui s'ouvre sur le domaine divin.

Nous faisons une grave erreur lorsque, dans la vie de l'église, nous séparons ces deux parties. Ce que la plupart des églises traditionnelles offrent aux gens c'est un tissu social. Tout est en fonction de la communauté. Tout est fait pour répondre aux besoins des gens et de leur famille – sans la présence d'aucun élément surnaturel qui y soit lié, sauf si l'on veut catégoriser l'amour fraternel comme étant surnaturel.

Le christianisme sans la dimension surnaturelle se réduit souvent à aider les gens à devenir de plus en plus aimables, en leur faisant écouter de bons messages – pas exactement la transformation radicale pour laquelle Jésus a souffert la mort de la croix.

D'un autre côté, nous connaissons tous des églises ou des personnes qui vivent constamment sur l'échelle de Jacob, sans jamais poser le pied sur le sol! Nous devons nous rappeler que l'échelle est appuyée sur la terre.

Alors, quel aspect devrions-nous favoriser, la *maison* ou *l'échelle*? Les deux. Les centres apostoliques puisent en effet aux deux bouts de la révélation de Jacob et vivent joyeusement dans la tension de leur union. Nous offrons un environnement sain où les gens peuvent vivre des relations authentiques sous la nuée surnaturelle de gloire qui est venue se déposer sur la terre.

La manifestation de cette nuée de gloire est ce qui nous distingue de tout autre groupe social, si noble puisse-t-il être. Moïse le comprit clairement lorsqu'il dit au Seigneur : « Si tu ne marches pas toi-même avec nous, ne nous fais point partir d'ici. Comment sera-t-il donc certain que j'ai trouvé grâce à tes yeux, moi et ton peuple? Ne sera-ce pas quand tu marcheras avec nous, et quand nous serons distingués, moi et ton peuple, de tous les peuples qui sont sur la face de la terre? » (Ex 33:15-16)

La présence surnaturelle de Dieu est définitivement le plus puissant catalyseur pour lancer les gens dans des rencontres rédemptrices qui changent leur vie pour toujours. Laissez-moi vous donner un instantané d'un de nos dimanches matin pour illustrer ce que je viens d'écrire. Ce qui suit est une reconstruction fictive tirée de divers commentaires et histoires personnelles que nous avons reçus, et non un compte-rendu exact d'un dimanche en particulier, mais cela donne un portrait fidèle des dynamiques auxquelles nous sommes habituées.

L'EXPÉRIENCE DU DIMANCHE

Certainement, l'Éternel est en ce lieu, et moi, je ne le savais pas! (Ge 28:16)

10 h 20

Monique n'est jamais allée à une église autre que catholique, et encore, elle y va seulement pour les mariages et les funérailles, et peut-être ici et là à Noël et à Pâques. À l'adolescence, comme pour la plupart de ses amis, elle a abandonné tout intérêt pour la religion. Elle a maintenant quarante-deux ans, est divorcée, a la garde partagée de deux garçons, un emploi stable, mais se demande si elle ne serait pas au bord d'un épuisement professionnel.

En tournant dans l'entrée de l'église, elle ressent soudain à l'intérieur d'elle-même un léger tremblement. Qu'est-ce qui se passe? Elle n'est ni anxieuse ni inquiète, Martine et Robert l'ont invitée à plusieurs reprises, et elle les retrouvera à l'intérieur; peut-être est-elle un peu nerveuse; mais pourquoi ce tremblement? Était-ce seulement une impression? Elle regarde ses mains, et elles semblent stables sur le volant.

Michel, un des préposés au stationnement, lui fait un grand sourire et lui indique un des espaces libres qui restent. Ce sera un dimanche bien rempli. Elle se stationne, retire les clés et, en essayant d'ouvrir sa bourse pour les déposer, réalise que ses mains tremblent vraiment. Et elle a soudain une grande envie de pleurer. Mais pourquoi?

Une mini-fourgonnette vient se garer juste à côté d'elle. C'est une famille de cinq : Eli, Nathalie, et leur trois jeunes enfants. Ils viennent du Congo-Kinshasa et sont arrivés il y a quelques mois, nouveaux dans la ville, après avoir passé un an à Montréal où Eli terminait sa maîtrise en développement international. Les enfants commencent à courir vers l'entrée de l'église, et Marc, un jeune garçon de leur âge, leur fait de grands signes avec les bras.

Eli et Nathalie ont été des membres actifs dans une grande église à Kinshasa; puis, à Montréal, ils ont fréquenté une église principalement africaine, puis une autre majoritairement blanche. Quand ils sont déménagés à Gatineau, des amis congolais leur ont parlé de l'église Le Chemin.

Nathalie salue Monique et commence à marcher avec elle pendant qu'Eli les devance rapidement, en criant aux enfants : « Ne courez pas! » Mais ils sont déjà à l'intérieur.

10 h 25

Le personnel de l'accueil leur souhaite la bienvenue à la porte, et Monique trouve tout de suite Martine et Robert qui l'attendaient dans le foyer. Ils lui donnent une accolade en lui disant combien ils sont heureux de la voir. Monique espère seulement que son tremblement n'est pas visible, mais il y a tellement de mouvement dans le foyer que personne ne pourrait le remarquer. Les gens parlent fort, racontent des blagues, rient, et vont et viennent avec les enfants qui courent entre les adultes – plein d'enfants.

C'est très différent de ce que Monique peut se rappeler de la dernière fois où elle est allée à une église. En fait, tellement différent que ça ne lui donne pas l'impression d'être dans une église, en tous cas, pas d'après ce qu'elle en a connu dans le passé.

Eli et Nathalie étaient aussi étonnés la première fois qu'ils sont venus. Ils étaient habitués aux églises charismatiques, mais celle-ci était définitivement la plus amicale et la plus active qu'ils avaient jamais vue. Eli était entré en complet-cravate, mais avait rapidement réalisé qu'il était pratiquement le seul vêtu de la sorte. Même le pasteur portait un *jeans* et chemise habillée. Eli n'avait *jamais* vu cela dans aucune église où il était allé. Cependant, au fil des semaines, il s'était habitué à ce style et l'avait adopté.

10 h 30

Ils passent par un autre groupe qui fait l'accueil, et entrent dans l'auditorium. Il doit bien y avoir près de deux cents personnes qui sont déjà là. La première impression de Monique est qu'à part les dimensions de la salle, il n'y a pas grand différence entre cette salle et le foyer. Les allées sont remplies de gens qui sont debout et qui parlent; d'autres sont assis et discutent avec ceux qui sont dans les rangées devant ou derrière; d'autres vont et viennent; les enfants sont partout, et une quinzaine de personnes sont sur l'estrade et semblent avoir beaucoup de plaisir ensemble, au milieu de toutes sortes d'instruments et de pieds de micros.

Martine et Robert présentent Monique à plusieurs, à beaucoup plus en fait que ce qu'elle pourrait retenir comme nouveaux noms. Elle remarque qu'il y a à peu près autant de noirs que de blancs, qu'elle entend des conversations en français entrecoupées de conversations en anglais, que c'est bruyant, que l'ensemble a l'air un peu chaotique – mais que de façon générale, l'atmosphère est très joyeuse. Non, ce n'est pas du désordre. C'est quelque chose d'autre qu'elle n'arrive pas à définir – liberté? Oui, c'est bien l'impression qu'elle enregistre dans son cœur. Mais pourquoi donc ressent-elle qu'elle doit se retenir pour ne pas se mettre à pleurer?

10 h 35

Un homme commence à parler en avant et sa voix, amplifiée par les haut-parleurs, est projetée dans tout l'auditorium. « C'est Alain, notre pasteur », dit Martine à Monique.

«Bonjour tout le monde, dit-il, bienvenue à Le Chemin, notre centre apostolique, une église qui active les gens pour transformer le monde. Vous êtes venus au bon endroit aujourd'hui pour recevoir une vie nouvelle et être revêtus de la puissance de Dieu. Le Seigneur Jésus-Christ est le roi que nous servons. Allons, levons-nous et donnons-lui la gloire! »

Les gens se lèvent et commencent à applaudir à grand bruit. Certains poussent des cris et il y en a même quelques-uns qui sifflent. Il y a encore un flot de personnes qui entrent, et beaucoup de mouvement dans l'auditorium. Monique voit Nathalie et Eli, qui ont trouvé des places quelques rangées devant elle, donner des accolades à des gens qui arrivent, pendant que leurs enfants courent vers l'avant où d'autres enfants se dirigent aussi. Quelques petites filles viennent trouver Marie, l'épouse d'Alain, qui sourit et se penche vers elles pour leur parler.

La musique explose haut et fort, dans un chant en français que la foule semble bien connaître – un mélange de rock et de gospel, rapide et joyeux. Un certain nombre de personnes se joignent aux enfants à l'avant, principalement des femmes, et ramassent des drapeaux aux différentes couleurs pour danser au rythme de la musique. Quelques enfants prennent aussi de plus petits drapeaux, tandis que d'autres restent là à les observer, sous le regard de quelques adultes qui les surveillent au cas où ils oublieraient pourquoi ils sont à l'avant et se mettraient à courir et à jouer.

Monique n'a jamais rien vu de semblable! Il y a même des hommes avec des caméras professionnelles qui se déplacent pour filmer, le tout étant diffusé en direct sur Internet. Elle regarde Martine et voit qu'elle a les yeux fermés, les mains levées au ciel, et qu'elle chante.

10 h 50

Le groupe de louange fait des chants en français et en anglais, alternant d'une langue à l'autre sans cadre fixe, et se lance même parfois dans des envolées lyriques qui n'apparaissent pas sur l'écran géant, improvisant. Monique se demande comment ils arrivent à faire cela mais, en même temps, ne peut s'empêcher de réaliser qu'ils jouent et chantent avec tant de passion et d'abandon qu'ils opèrent sous l'inspiration. Elle entend tout près d'elle des gens chanter en langues, ce qui est très différent, mais Martine lui avait déjà parlé de cela avant qu'elle vienne.

Des gens continuent toujours d'arriver, même s'ils sont en retard, et ça ne semble déranger personne. Il y a maintenant environ trois cents personnes dans la salle, et l'atmosphère est électrique.

11 h

Monique voit une jeune femme quitter sa place et aller chuchoter à l'oreille d'Alain. Il hoche la tête et lui donne le micro sans fil. Elle monte sur l'estrade, les musiciens baissent le volume, et elle commence à prier en français de façon passionnée :

Saint-Esprit, nous t'accueillons. Viens et fais ton œuvre. Change-nous. Baptise-nous de nouveau. Verse ton feu en nous. Viens et sonde nos cœurs. Crée une séparation entre ce qui est naturel et ce qui est spirituel. Donne-nous de l'assurance pour toi. Nous disons oui à cette nouvelle saison que tu amènes et nous la saisissons.

Une autre femme vient immédiatement à coté d'elle pour interpréter en anglais ce qu'elle a dit. Des gens ont les mains levées au ciel; d'autres restent simplement debout, les yeux fermés. Les musiciens continuent de jouer une musique de fond. La femme continue :

Et je ressens que le Seigneur dit que nous sommes appelés à nous lever dans nos dons et nos appels. Nous devons prendre notre place! C'est le temps de définir notre position en lui. C'est le temps d'entrer dans le surnaturel, de nous lever avec foi, de voir des miracles et, comme résultat, de montrer qui est Dieu.

À ce moment, une autre femme vient sur l'estrade et on lui donne le micro :

Dieu sera avec nous partout où nous irons, et il confirmera la parole que nous prêchons. Si nous prêchons la délivrance, nous verrons les gens délivrés; si nous prêchons le salut, nous verrons les gens sauvés; si nous prêchons la guérison, nous verrons les gens guéris. Ouvrez vos bouches partout où vous allez, parce que Dieu dit : « Je serai toujours avec vous. »

Les gens applaudissent et les musiciens augmentent le volume. Alain monte sur l'estrade et dit : « Nous n'avons pas besoin d'attendre pour entrer dans ce que le Seigneur vient de nous dire prophétiquement. Je ressens qu'un des dons qu'il active aujourd'hui est la parole de connaissance pour des guérisons. Est-ce que quelqu'un en a reçu une pendant la louange? »

Eli et Nathalie lèvent tous deux la main, de même que cinq ou six autres personnes dans l'auditorium. Alain pointe en premier vers Eli qui dit : « J'ai vu l'image d'un homme qui a un ligament déchiré au genou droit. » Alain regarde la foule et demande : « Y a-t-il un homme ici qui a cette condition? » Un homme à l'arrière lève la main. Alain lui dit : « D'accord, reste là où tu es, nous allons prier pour toi dans un instant. » Puis il pointe vers Nathalie. Elle dit qu'elle a senti une douleur aigüe à l'estomac. Deux personnes se lèvent, s'identifiant à cette douleur. Et ainsi de suite pour les quelques autres qui ont aussi reçu des paroles de connaissance.

Puis Alain demande aux personnes qui sont près des gens qui se sont levés de leur imposer les mains et de prier au nom de Jésus. Des petits groupes se forment un peu partout dans la salle. Après quelques minutes, il demande à ceux qui reçoivent la prière de vérifier s'ils sont guéris ou s'ils voient un changement. Il y a tout de suite trois ou quatre mains qui se lèvent, et les gens poussent des cris de joie. Il demande aux gens de prier une seconde fois pour ceux qui ne sont pas encore guéris. Quelques autres reçoivent une guérison.

11 h 15

Monique sanglote maintenant sans retenue, en regardant toute cette activité surnaturelle autour d'elle, et elle n'est pas la seule à être ainsi touchée. Alain dit aux gens que ce qu'ils voient, c'est la bonté du Seigneur.

Il demande combien de personnes visitent Le Chemin pour la première fois. Près d'une douzaine de mains se lèvent. Le reste de la congrégation applaudit pour les accueillir, et les placiers vont rapidement leur remettre une trousse de bienvenue.

Puis Alain leur explique que ce qu'ils ressentent est en fait la présence de Dieu, que Jésus est bien vivant et qu'il désire avoir une relation personnelle avec eux. Il s'adresse ensuite à toute l'assemblée et dit que s'il y a quelqu'un qui n'a pas cette relation personnelle avec Jésus, il n'y a aucune raison de quitter ce lieu aujourd'hui sans le connaître, si on veut l'accepter.

Il invite ensuite les gens à apporter leurs offrandes et les enfants à aller à leurs classes d'école du dimanche. Les gens bougent un peu, se saluant les uns les autres, échangeant quelques paroles.

11 h 25

Alain appelle les gens à revenir à leurs places et il fait quelques annonces. Il mentionne qu'il y a plusieurs cellules qui se rencontrent dans la semaine, et il invite tout le monde à un temps spécial de prière très tôt le lendemain matin, à 5 h 30. Eli se lève d'un coup et crie : « Alléluia! » Les gens éclatent de rire. Il annonce aussi qu'il y aura une soirée jeunesse vendredi et le *Café Expression* samedi soir, présentant un groupe de Toronto.

Alain salue ensuite trois députés du gouvernement qui sont présents et un chef des Premières Nations assis au balcon avec son épouse.

Un jeune entrepreneur vient donner un rapport sur un projet qui donnera à des ados provenant de familles monoparentales des outils pour devenir socialement responsables, ce qui se fait en partenariat avec des entrepreneurs de la ville. Il veut approcher le maire avec l'idée et demande à la congrégation de se lever pour prier avec lui pour le succès du projet.

11 h 35

Alain dit ensuite : « OK, préparons-nous à aller dans la parole de Dieu ensemble. Je veux vous dire qu'il n'y a pas d'autre option là-dessus : si vous voulez grandir comme chrétien, vous devez passer du temps dans la Bible. Je ne suis pas celui qui prêche ce matin; le pasteur Reginald est celui qui va partager avec nous. Mais avant qu'il ne vienne, laissez-moi seulement vous mentionner ceci : nous nous sommes rassemblés ici aujourd'hui pour célébrer le Seigneur et pour être équipés pour ce qui s'en vient. Nous sommes des ambassadeurs du royaume de Dieu. Nous sommes envoyés pour transmettre l'influence de Jésus dans chaque sphère de la société où Dieu nous a placés. Voilà notre mandat apostolique en tant que peuple de Dieu. Nous sommes porteurs de la gloire de Dieu qui brise les ténèbres de ce monde pour libérer les captifs. Nous sommes une armée de compassion et d'humilité, marchant avec autorité. Nous proclamons la royauté de Jésus partout où nous allons. Nous disons aux gens qu'ils doivent se détourner de leurs péchés et se donner à Jésus pour avoir la vie éternelle. Nous sommes des agents de changement dans le monde et le cauchemar du diable. » Les gens applaudissent.

Il poursuit : « Mon rôle comme leader apostolique ici est de me soumettre au Saint-Esprit et être un facilitateur pour ce qu'il veut faire. Mon but est vous voir tous entrer dans votre appel divin. Les guérisons dont nous avons été témoins ce matin sont une pratique pour ce que nous devrions faire toute la semaine en dehors de ces murs. Même la création soupire en attendant de voir Christ révélé en vous. Le sang de Jésus a ouvert la voie pour chacun de nous. Continuons d'avancer. Le royaume de Dieu est ici! » Une autre ronde d'applaudissements. « Maintenant, veuillez accueillir le pasteur Reginald. »

11 h 40

Monique a cessé de pleureur et se sent comme si elle était entrée dans un autre monde. Le pasteur Reginald parle des dons du Saint-Esprit et comment les utiliser dans la vie de tous les jours. Il explique comment Joseph et le prophète Daniel, chacun dans leur temps, ont influencé des nations entières parce que Dieu leur avait donné la capacité surnaturelle d'interpréter les songes. Il démontre à l'aide de passages de la Bible que lorsqu'on est né de nouveau, on obtient l'accès au trône de la grâce de Dieu et aux dons qu'il a pour nous.

12 h 20

À la fin de son message, il dit : « Nous voulons nous assurer que chacun ici présent a l'opportunité de naître de nouveau et de recevoir la vie éternelle. C'est là que tout ce dont on vient de parler doit commencer. Si c'est nouveau pour toi, il y a des chances que tu ne sois pas venu ici tout seul, mais que quelqu'un t'ait invité. Je vais demander à tout le monde de se tourner vers la personne qui est à côté et lui demander si elle a besoin de donner sa vie à Jésus. Si oui, priez avec elle, là où vous êtes, et conduisez-la à Christ. »

Il se fait un mouvement dans les sièges, et dans tout l'auditorium les gens commencent à parler. Certains discutent amicalement tandis que d'autres prient avec la personne à côté d'eux.

12 h 25

Reginald dit : « Excellent. Maintenant regardez ici, s'il vous plaît. Combien parmi vous avez prié pour accepter le Seigneur? Des mains se lèvent à différents endroits dans la salle. L'une de ces personnes est Monique, et son visage est radieux. Martine et Robert sont toujours à ses côtés, mais cette fois ce sont eux qui sont en pleurs, heureux pour leur amie. La salle applaudit.

Il continue : « Demandons au Saint-Esprit d'activer ses dons en nous, maintenant. Levons-nous et demandons ensemble un puissant baptême du Saint-Esprit dans son amour et sa puissance. Je vais demander aux membres de l'équipe apostolique de se déplacer dans la salle et d'imposer les mains. Si vous avez un urgent besoin pour quoi que ce soit, avancez-vous à l'avant et nous allons prier pour vous. Mais demandons maintenant au Saint-Esprit de nous donner la puissance et l'habileté surnaturelle pour prêcher l'évangile du royaume avec autorité et avec des signes et des miracles. »

12 h 35

Monique n'est pas certaine de ce qui s'est produit. Elle se retrouve en train d'essayer de se relever du tapis où elle est étendue. D'autres personnes sont comme elle sur le tapis. Ceux qui sont debout prient les uns pour les autres, certains pleurent, d'autres rient, et d'autres sont juste là, les yeux fermés. L'équipe de louange joue, et les enfants sont revenus de leurs classes. Martine aide Monique à se lever et lui dit en souriant : « Bienvenue chez toi. »

12 h 45

Monique ressent une grande paix dans son cœur. Une paix comme elle n'en a jamais connue. Une paix qu'elle n'a pas de mots pour décrire. Elle a le sentiment de s'être reposée très profondément après des années de difficultés. Le tremblement est toujours là et il restera pendant quelques jours, mais il est maintenant très léger, plus comme une sensation à l'intérieur d'elle-même.

Les gens commencent à sortir, mais plusieurs s'attardent et jasent avec des amis. Il faudra une bonne heure avant que la place se vide complètement. Les jeunes adultes, en particulier, aiment rester derrière et discuter.

« Tu veux venir manger avec nous? » demande Martine.

Monique répond lentement, comme quelqu'un qui sort des nuages : « Ouais, ça serait bien. Mais je ne sais pas si je suis en état de conduire, en ce moment. » Elles éclatent de rire toutes les deux.

Derrière, elles entendent la voix d'Eli qui appelle Alain : « Hé, mon apôtre, viens ici, j'ai une grosse caresse pour toi! Alors, quand vas-tu venir à la maison manger de bons mets africains? Ma femme est la meilleure cuisinière, tu sais. »

Alain réplique : « Pas sûr de ça, tu n'as pas goûté à la cuisine de ma femme!

— Mais ça, ce sont des mets *canadiens*, dit Eli.

— Je croyais que tu voulais devenir Canadien. » Et ils se mettent tous deux à rire, marchant bras dessus bras dessous vers la sortie.

« Tu sais quelque chose? » demande Monique à Martine. Puis elle fait une pause, comme si elle réfléchissait profondément, regarde son amie droit dans les yeux et dit : « Dieu est dans ce lieu et, avant aujourd'hui, je ne le savais même pas. »

2e PARTIE

Relier les centres apostoliques dans des réseaux apostoliques

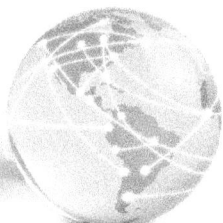

CHAPITRE 8
Une grille de pouvoir pour la gouvernance territoriale

RÉSEAUX

J'ai déjà mentionné que Paul reliait les nouvelles communautés de croyants qu'il établissait dans des réseaux et que les centres apostoliques occupaient une place centrale et stratégique dans cette structure. Mais qu'est-ce qu'un réseau?

Le terme réseau est utilisé aujourd'hui dans des domaines très variés. Nous parlons de réseaux d'ordinateurs, de réseaux de télévision et de radio, de réseaux sociaux, de réseaux de télécommunications, de réseaux communautaires, etc. La définition la plus simple d'un réseau pourrait être « un groupe ou un système dont les éléments sont interconnectés ou étroitement liés ». Appliqué aux domaines sociaux ou communautaires, cela deviendrait « un groupe de gens qui demeurent en relation pour un soutien mutuel en vue de l'avancement d'objectifs communs ».

Dans le monde informatique, un réseau peut être fait de quelques ordinateurs simplement reliés par des fils ou, comme nous le voyons avec Internet, de millions d'ordinateurs situés dans des régions variées et reliés par des lignes téléphoniques, des câbles, ou des ondes radio. Cette structure fait penser au modèle du réseau apostolique que Paul a établi et aux développements dont nous sommes témoins aujourd'hui dans le second âge apostolique.

Maintenant, on peut trouver un autre élément de comparaison dans les réseaux informatiques sans fil : la *station de base*. La station de base, qui est un émetteur-récepteur radio, est le véritable centre du réseau local sans fil, servant de portail entre un réseau avec fil et le réseau sans fil. Je ferais un parallèle entre la fonction d'une station de base et celle d'un centre apostolique.

Jetons un autre coup d'œil sur Antioche et voyons comment elle se qualifie, mieux que Jérusalem, comme station de base pour le premier réseau apostolique de l'église primitive, et comment les choses se sont développées à partir de là.

LA STATION DE BASE INITIALE

Quand vint le temps de procéder à l'établissement de multiples communautés de croyants géographiquement dispersées et de les relier dans un réseau apostolique, le Saint-Esprit choisit Antioche comme station de base. Pourquoi pas Jérusalem?

Le problème de Jérusalem

Jérusalem était le siège apostolique de l'autorité après que Jésus soit retourné au ciel. C'est dans cette ville que les onze apôtres restants avaient reçu l'instruction d'attendre la promesse du Père, la venue du Saint-Esprit, avant de commencer leur mission d'être les témoins de la résurrection du Seigneur. Pendant qu'ils attendaient, Pierre dit aux disciples qu'ils devaient remplacer Judas par l'un des hommes qui les avaient accompagnés durant les trois ans de ministère; la personne qu'ils choisiraient se joindrait à eux afin de témoigner de la résurrection de Jésus (voir Ac 1:21-22). Il est donc clair qu'ils comprenaient leur mission, sauf que Pierre ne mentionne jamais la partie où, selon les instructions de Jésus, ils devaient porter leur message *en dehors* de Jérusalem.

Quand l'effusion de la Pentecôte arriva, Pierre se leva avec les onze et déclara à la foule que ce qu'ils vivaient avait été annoncé d'avance par le prophète Joël (voir Ac 2:16). Le tout premier décret apostolique de la nouvelle ère établit ainsi la dimension prophétique. Ce n'est pas étonnant, si l'on considère Éphésiens 2:20, qui dit que nous avons été édifiés « sur le fondement des apôtres et des prophètes, Jésus-Christ lui-même étant la pierre angulaire ».

L'important conseil de Jérusalem (voir Ac 15), qui eut lieu environ vingt ans après le discours initial de Pierre, indique aussi que l'église de Jérusalem demeura le siège apostolique de l'autorité pendant plusieurs années.

Il n'y a cependant aucune indication établissant que des efforts aient été faits pour prêcher l'évangile en dehors de Jérusalem, jusqu'à la persécution qui suivit la mort d'Étienne, et à ce verset qui indique que « ceux qui avaient été dispersés allaient de lieu en lieu, annonçant la bonne nouvelle de la parole » (Ac 8:4). Il est vrai que, durant cette période, Philippe se rendit en Samarie (voir Ac 8:5-13), suivi plus tard par Pierre et Jean (voir Ac 8:14-25), et nous voyons l'église se répandre éventuellement en Judée, en Galilée et en Samarie (voir Ac 9:31); mais, ce que nous ne voyons pas, c'est un plan stratégique pour relier les églises dans un réseau fonctionnel.

Cependant, avant de juger les apôtres de Jérusalem pour ne pas avoir créé le réseau apostolique que nous pouvons présumer nécessaire, laissez-moi vous suggérer que la situation économique et politique de leur ville pourrait être la raison pour laquelle le Saint-Esprit choisit une autre ville, Antioche, pour établir la première station de base du réseau qui toucherait bientôt tout le monde connu d'alors.

Si nous traçons un parallèle entre une base apostolique et la technologie sans fil, nous constatons que pour être efficace, elle doit être dotée d'une connexion forte, rapide et ininterrompue. Tous les utilisateurs dépendent du bon fonctionnement et de la stabilité de la station de base pour être efficacement reliés entre eux. Jérusalem était un centre apostolique en termes d'autorité, mais pour devenir une plaque tournante reliant les nations, sa situation n'était pas idéale. La ville était souvent bouleversée par des révoltes contre Rome; placée sous le dictat romain et surveillée par ceux-ci,

Jérusalem était affligée par une situation économique désastreuse.

Antioche, d'un autre côté, présentait le profil parfait pour devenir la première station de base pour l'expansion du christianisme au moyen de réseaux d'églises. Le Saint-Esprit savait ce qu'il faisait quand il envoya des hommes de la dispersion de Jérusalem « jusqu'en Phénicie, dans l'île de Chypre, et à Antioche, annonçant la parole seulement aux Juifs » (Ac 11:19), puis d'autres hommes (dans le cours des années) de Chypre et de Cyrène à Antioche pour parler « aussi aux Grecs » et leur annoncer l'évangile du Seigneur Jésus (voir Ac 11:20). Ceci donna naissance à un nouveau type d'église, où Juifs et païens louaient Dieu ensemble. C'était si unique que l'église de Jérusalem envoya Barnabas examiner ce qui se passait à Antioche (voir Ac 11:22-23).

Le profil d'Antioche

Antioche était un centre économique prospère à la croisée des routes commerciales nord-sud et est-ouest. Après Rome et Alexandrie, elle était la plus grande ville de l'Empire romain, avec une population de plus de 500 000 habitants, provenant d'un grand nombre de nations. C'était à Antioche que les pièces de monnaie étaient frappées à l'effigie de l'empereur de Rome. Quand Jésus demanda aux pharisiens de lui montrer « la monnaie avec laquelle on paie le tribut », ils lui présentèrent un denier qui portait l'effigie et l'inscription de César (voir Mt 22:19-20), et qui, vraisemblablement, avait été frappé à Antioche. Cette dernière était non seulement une cité commerciale, mais aussi un centre culturel et intellectuel beaucoup plus dynamique que Jérusalem, abritant de splendides temples, des théâtres, des aqueducs, des bains publics, des jardins et des fontaines.

Avec son flot constant de visiteurs et son activité commerciale, Antioche était en contact avec toutes les villes importantes de l'Empire. Elle était l'emplacement idéal pour une église qui voulait se répandre dans les nations.

Les Juifs formaient une grande communauté dans la ville, mais la séparation entre Juifs et païens n'y était pas aussi radicale que dans d'autres lieux, ce qui permettait, comme nous l'avons vu, la création de la première église mixte.

Antioche eut une profonde influence sur Paul : elle devint non seulement sa base et sa rampe de lancement pendant pour plusieurs années de voyages missionnaires, mais avec son bassin culturel, elle fournit un terrain fertile à Paul et Barnabas pour ouvrir l'église au monde de leur temps. L'église d'Antioche était la première église à s'écarter du judaïsme strict et à intégrer les païens dans leur communauté. Ceci, plus que tout autre chose, qualifiait Antioche pour qu'elle devienne la station de base pour le premier réseau apostolique qui fut formé, parce qu'il n'y avait plus de barrières ethniques pour empêcher l'expansion de l'église. Cependant, les facteurs socio-économiques favorables que nous avons décrits devaient d'abord être présents.

Autrement dit, le Saint-Esprit ne travaille pas dans le vide. Il poursuit ses objectifs à l'intérieur d'un monde créé, en se servant de la convergence de conditions naturelles pour faciliter la naissance de réalités spirituelles.

Les centres apostoliques n'émergent pas au hasard; il semble que le Saint-Esprit les établisse géographiquement et d'une façon stratégique qui tienne compte de la présence de facteurs qui leur permettront de nourrir les réseaux qui transformeront le monde. Antioche respectait tous les critères pour être un tel centre apostolique, tout comme Corinthe et Éphèse par la suite. Cela ne signifie pas qu'il n'y ait que les métropoles qui puissent accueillir des centres apostoliques, mais je crois que des conditions propices au fonctionnement de stations de bases sont certainement les bienvenues. De plus petites villes peuvent servir de centre pour des régions éloignées, mais le fameux « Si tu le construis, il viendra » du film *The Field of Dreams*, ne s'applique pas nécessairement à n'importe quel champ isolé.

LE TOURNANT DÉCISIF D'ACTES 15:36

Nous avons déjà discuté de la transition d'Actes 13 qui a lancé Paul dans son premier voyage apostolique. À ce moment-là, Barnabas était le principal leader apostolique dans l'aventure. Il avait déjà joué un rôle majeur dans la vie de Paul en le présentant à Pierre et Jacques à Jérusalem, et en l'emmenant de Tarse à Antioche. Cette fois, il conduisit Paul à Chypre, le pays qu'il connaissait le mieux, puisqu'il y était né. À mesure que le voyage se poursuivait, le leadership de Paul ressortait de plus en plus clairement, et après une période de deux ans, ils avaient établi avec succès des églises pastorales dans plusieurs villes de l'Empire. Sur le chemin du retour à Antioche, leur station de base, ils s'arrêtèrent pour une seconde fois dans quelques-unes des jeunes églises et y nommèrent des anciens, ou pasteurs, pour qu'ils prennent soin du troupeau.

Paul et Barnabas firent leur rapport à l'église d'Antioche, racontant tout ce que le Seigneur avait fait durant leur voyage et comment il avait ouvert la porte de la foi aux nations (voir Ac 14:27). Tout cela est très bien. Cependant, ce n'est pas encore ce que j'appellerais un réseau. Avoir un nombre grandissant d'églises était une étape positive, mais quelque chose d'autre devait être mis en place pour permettre l'expansion future du royaume de Dieu. On doit comprendre que la seule implantation d'églises, aussi bénéfique puisse-t-elle être, ne peut jamais rendre la pleine mesure du plan apostolique de Dieu.

Que manquait-il donc? Après le conseil historique de Jérusalem, qui scella l'entrée des nations dans la foi, et après être resté assez longtemps à Antioche, Paul se tourna vers Barnabas et dit :

Retournons voir les frères dans toutes les villes où nous avons annoncé la parole du Seigneur, pour voir en quel état ils sont. (Ac 15:36)

« Retournons voir en quel état ils sont. » Voilà le tournant décisif! Cette déclaration signa l'arrêt de mort du christianisme éparpillé et isolé. À compter de ce moment, les réseaux d'églises interconnectées deviendront la structure que les apôtres établiront, avec des centres apostoliques placés de façon stratégique comme relais d'alimentation pour desservir les membres dans toutes les directions.

SUR LE FONDEMENT DES APÔTRES ET DES PROPHÈTES

Paul partit pour son second voyage avec Silas au lieu de Barnabas. La chose est intéressante parce que Silas était prophète (voir Ac 15:32) mais, de plus, il était aussi un leader respecté qui venait de Jérusalem (voir Ac 15:22-27); il était arrivé à Antioche avec Jude, un autre prophète, comme porte-parole du conseil de Jérusalem. Nous avons donc un apôtre, Paul, et un prophète, Silas, voyageant ensemble pour lancer la phase de réseautage du mandat apostolique qui devait relier les jeunes églises que Paul avait établies durant son premier voyage, dans un réseau relationnel. ·

Il y avait aussi des prophètes présents à Antioche lorsque Paul et Barnabas furent envoyés comme apôtres au tout début (voir Ac 13:1-3). Il est important de réaliser combien pour le royaume de Dieu les apôtres et les prophètes sont fondamentaux (voir Ep 2:20). Sans cela nos réseaux, au lieu d'obéir à une direction apostolique et à une inspiration prophétique, finiront par devenir purement administratifs, et donneront naissance à des structures légales plutôt qu'aux outres flexibles qui accueillent la vie nouvelle.

LE RÉSEAU INITIAL

Le premier réseau apostolique prit définitivement forme lors du deuxième voyage de Paul. Avant cela, il allait de lieux en lieux, prêchant la bonne nouvelle, conduisant des hommes à la foi, leur laissant des instructions de base pour qu'ils continuent après son départ. Ses séjours étaient plutôt courts, et nous n'avons aucune indication qu'il ait eu quelque plan global que ce soit pour l'avenir. Par contre, quand il déclara au début du second voyage : « Retournons voir dans quel état ils sont », il est clair qu'il agissait avec l'intention de relier les églises dans un filet tissé de communications soutenues. Poursuivant dans sa vision, c'est aussi à cette période qu'il commença à écrire des lettres aux églises (Galates, 1 et 2 Thessaloniciens).

En plus de visiter les églises qu'il avait établies durant son premier voyage, Paul connut deux développements majeurs. Premièrement, il élargit son territoire jusqu'en Macédoine et en Grèce. Puis il établit un second centre apostolique à Corinthe et visita Éphèse, qui deviendrait son troisième centre quelques années plus tard. Corinthe et Éphèse étaient toutes deux, comme Antioche, des centres socio-économiques dans leur partie du monde. Le réseau initial de Paul avait donc des stations de base dans l'Est avec Antioche, en Asie avec Éphèse, et en Grèce avec Corinthe. Certains peuvent considérer qu'il y avait d'autres villes qui abritaient des centres apostoliques, et c'est bien possible, mais je pense que les trois que je viens de nommer étaient les plus importantes.

Alors, qu'avons-nous comme modèle de base? Un territoire étendu, des douzaines d'églises et trois centres apostoliques situés de façon stratégique.

PREMIÈRE EXPLOSION APOSTOLIQUE

Des roues dans d'autres roues

Quand nous examinons la première expansion de l'église à travers l'Empire romain, le terme *d'explosion apostolique* n'est pas exagéré pour décrire le mouvement. C'est l'un des plus extraordinaires phénomènes de l'histoire, spécialement si l'on considère qu'il a débuté par une bande de Juifs inconnus sortis de la lointaine Jérusalem, une ville à toutes fins pratiques assez insignifiante en autant que Rome fut concernée.

Il ne fait aucun doute que le rôle de Paul fut central dans cette aventure. En plus de sa pensée et de ses écrits systématiques, il était doué par le Saint-Esprit de la capacité d'établir le modèle structurel pour relier les églises dans un réseau organique qui pourrait ébranler le système romain.

Il est cependant important de réaliser que Paul n'était pas le seul apôtre à l'œuvre et qu'il n'y avait pas seulement un réseau, mais plutôt une structure de réseaux avec de multiples apôtres – des roues dans d'autres roues.

Silas et Timothée

Premièrement, dans le réseau de Paul, nous trouvons Silas et Timothée, les apôtres qui l'accompagnaient. Les salutations qui sont données en tête de la première épître aux Thessaloniciens viennent des trois hommes, Paul, Silas, et Timothée. Puis Paul confirme qu'ils sont apôtres (voir 1 Th 2:6). Pour ce qui est de Silas, cela fait de lui à la fois un apôtre et un prophète. Il a partagé avec Paul les coups et l'emprisonnement à Philippes (voir Ac 16:22-23) et les tribulations à Thessalonique (voir Ac 17:10), et Paul lui a aussi fait confiance pour continuer en son absence l'œuvre en Macédoine (voir Ac 17:14; 18:5). Puis, environ quinze ans plus tard, Silas a travaillé dans un autre réseau, cette fois avec Pierre (voir 1 Pi 5:12-13). Nous avons aussi l'exemple de Timothée, le fils de Paul dans la foi, qui voyagea dans plusieurs régions et fut pour une saison apôtre résident à Éphèse (voir 1 et 2 Timothée).

Tite, Épaphrodite, Andronicus, Junias, Prisca, et Aquilas

En continuant dans la sphère de Paul, nous trouvons que Tite fonctionnait aussi de façon apostolique en Crète (voir Tit 1:5), et quelques autres qui sont nommés, comme Épaphrodite, « mon frère Épaphrodite, mon compagnon d'œuvre et de combat, par qui vous m'avez fait parvenir [*apostolos*] de quoi pourvoir à mes besoins » (Ph 2:25). Puis nous trouvons Andronicus et Junias. Ils ont été en prison avec Paul et ils jouissent d'une grande considération « parmi les apôtres » (Ro 16:7). La mention de Junias est un argument solide en faveur des femmes apôtres, auxquelles nous pourrions ajouter Prisca. Elle et son mari Aquilas ne sont pas spécifiquement comptés comme apôtres, mais comme compagnons d'œuvre de Paul (voir Ro 16:3). Cependant, en plus de faire preuve d'une grande autonomie dans la mission apostolique, nous les voyons aider Apollos, un autre apôtre, à approfondir sa connaissance des voies de Dieu (voir Ac 18:26), ce qui pourrait indiquer chez eux un don apostolique.

Apollos

Ce qui nous amène maintenant à considérer les apôtres qui n'étaient pas en alignement direct avec Paul, comme Apollos. Quand Aquilas et Priscille (ou Prisca) le rencontrèrent à Éphèse, il est évident qu'il n'avait pas été l'élève de Paul. Mais après qu'il eut reçu l'ajustement théologique dont il avait besoin, les frères le firent passer en Achaïe avec une lettre de recommandation, où il se rendit très utile (voir Ac 18:27-28). Il s'installa dans le centre apostolique que Paul avait établi à Corinthe et y travailla comme apôtre. Pendant ce temps, Paul arriva à Éphèse et commença à y poser les fondations pour son troisième centre apostolique.

En 1 Corinthiens 4:6-9, Paul reconnut qu'Apollos était un apôtre tout comme lui. Cependant, Apollos n'était pas aligné avec Paul comme Timothée et Silas. C'est la conclusion que l'on peut tirer en lisant que certaines personnes à Corinthe disaient : « Je suis de Paul », et d'autres : « Je suis d'Apollos » (1 Co 3:4). Ceci ne diminua en rien le respect que Paul avait pour Apollos, bien qu'il dût confronter ces gens pour leur mauvaise attitude. La considération profonde que Paul avait pour Apollos est bien visible quand il écrit : « J'ai planté, Apollos a arrosé, mais Dieu a fait croître. » (1 Co 3:6) Et aussi : « Car nous sommes ouvriers avec Dieu. Vous êtes le champ de Dieu, l'édifice de Dieu. » (1 Co 3:9) Nous avons donc deux apôtres dont les sphères pouvaient se chevaucher sans compétition. Tous deux travaillaient dans le champ de Dieu et gardaient l'autonomie qui correspondait à leur appel. Quelque temps après qu'Apollos ait quitté Corinthe, Paul l'exhorta à y retourner :

> Pour ce qui est du frère Apollos, je l'ai beaucoup exhorté à se rendre chez vous avec les frères, mais ce n'était décidément

pas sa volonté de le faire maintenant; il partira quand il en aura l'occasion. (1 Co 16:12)

Ces fortes personnalités, ces hommes de vision, étaient capables de respecter le privilège de chacun de discerner pour lui-même quelle était la volonté de Dieu.

Barnabas et Marc

Nous n'entendons pas trop parler de Barnabas après sa séparation d'avec Paul, mais cela ne veut pas dire qu'il ait arrêté d'être actif comme apôtre. Ce que nous savons de Barnabas montre qu'il était un apôtre solide, habitué à voyager. Alors quand il partit avec Marc, aussi appelé Jean, pour Chypre, tel que mentionné dans Actes 15:39, nous pouvons conclure sans hésitation que pendant que Paul lançait son réseau avec Silas, Barnabas faisait la même chose dans d'autres régions.

Approximativement six ans plus tard, quand Paul défendait son apostolat dans sa première lettre aux Corinthiens, il mentionne comme référence Barnabas, ce qui nous indique que son ancien compagnon de voyage est toujours considéré et doit avoir travaillé activement dans sa propre sphère durant toutes ces années (voir 1 Co 9:5-6).

Cinq ans après cette lettre, nous apprenons que Marc est maintenant avec Paul à Rome (voir Col 4:10), et trois ans plus tard, avec Pierre (voir 1 Pi 5:13), ce qui nous démontre le mouvement organique qu'il y avait entre les divers réseaux et sphères apostoliques.

Sphères

J'ai mentionné le mot *sphère* à quelques reprises déjà dans les derniers paragraphes. C'est un concept que nous devons comprendre quand il est question de réseaux.

Paul n'avait aucune hésitation à dire qu'il avait de l'autorité :

Et même si je me glorifiais un peu trop de l'autorité que le Seigneur nous a donnée pour votre édification et non pour votre destruction, je ne saurais en avoir honte. (2 Co 10:8)

Par contre, il spécifiait que cela n'était valide qu'à l'intérieur des limites de sa propre sphère, et non au-delà de celle-ci :

Pour nous, nous ne voulons pas nous glorifier outre mesure, mais seulement dans la limite du champ d'action que Dieu nous a assigné en nous amenant jusqu'à vous. (2 Co 10:13)

Chaque apôtre reçoit une sphère que Dieu lui assigne. À l'intérieur de cette sphère, l'apôtre a une grande autorité, mais à l'extérieur de celle-ci, aucune, à moins qu'il soit invité à y entrer. C'est pourquoi, dans le développement des réseaux apostoliques, nous devons marcher humblement et éviter toute présomption. Les apôtres n'ont pas l'autorité d'entrer n'importe où sans mandat du Seigneur, et il doit y avoir du respect et de la déférence devant le champ des autres, qu'il s'agisse d'un territoire géographique ou spirituel :

Nous ne nous glorifions pas des travaux d'autrui qui sont hors de nos limites. Mais nous avons l'espérance, si votre foi augmente, de devenir encore plus grands parmi vous, dans notre propre domaine, en évangélisant les contrées situées au-delà de chez vous, au lieu de nous glorifier de ce qui a déjà été fait dans le domaine des autres. (2 Co 10:15-16)

L'explosion de l'église du premier siècle, avec l'augmentation du nombre d'apôtres et de leurs sphères, a vu plus d'églises être implantées, plus de centres être établis, et plus de réseaux couvrir les régions et les nations. Comment cela se transpose-t-il aujourd'hui?

UNE GRILLE DE POUVOIR POUR AUJOURD'HUI

Les réseaux actuels

Même si les temps ont changé, le modèle original est toujours pertinent. *Les réseaux apostoliques offrent le cadre le plus efficace pour soutenir l'activation des dynamiques du royaume pour la fin des temps.* Mais à quoi ressemblent les réseaux aujourd'hui?

À ce stade relativement jeune du second âge apostolique, le développement de réseaux est encore nouveau. Jusqu'à maintenant nous avons surtout vu des réseaux d'églises, de ministères et de leaders reliés par le biais d'apôtres du XXIe siècle et de leurs équipes. La plupart du temps, ces apôtres ont commencé par développer une station de base, un centre apostolique autour duquel gravite leur réseau. Certains passent en fait la plus grande part de leur temps à travailler à partir de leur centre apostolique. Ce sont des apôtres résidents. Dans ce cas, leur réseau est habituellement fortement connecté au centre apostolique. D'autres cependant délèguent la majeure partie de la direction pratique du centre à des associés et voyagent un peu partout pour faire le ministère. Ce sont des apôtres itinérants. Dans ce dernier cas, le réseau n'est souvent que légèrement connecté au centre apostolique et gravite plutôt autour de l'apôtre lui-même. Et entre ces deux extrémités du spectre, nous trouvons une variété de combinaisons avec des apôtres partiellement résidents, partiellement itinérants, dont les réseaux peuvent revêtir plusieurs formes, verticales ou horizontales, et servir divers desseins.

Seconde Guerre mondiale ou Microsoft?

J'ai mentionné les équipes apostoliques à plusieurs reprises. Ce ne sont pas tous les apôtres qui travaillent bien en équipe. Certains sont des solitaires dans l'âme; ils aiment faire eux-mêmes le travail. D'autres aiment s'entourer d'une équipe mais fonctionnent néanmoins selon une structure descendante d'autorité. Peter Wagner a un don particulier pour trouver les termes qui décrivent ce qu'il observe. Il a proposé le terme *apôtres de la Seconde Guerre mondiale* pour ces généraux qui aiment travailler ainsi. Ils ont tendance à être compétitifs et territoriaux. Ce n'est pas qu'ils ne soient pas de vrais apôtres – ils le sont! Mais disons simplement qu'on pourrait parfois presqu'entendre Frank Sinatra fredonner *I did it my way*.

Cependant, je suis convaincu que si vous connaissez un de ces apôtres, vous êtes sûrement prêt à témoigner de tout cœur en faveur de son caractère, de son intégrité, de son amour et de sa personnalité attachante. Ce sont des leaders qui ont accompli des exploits et un travail colossal pour le royaume. Ils représentent simplement un stade où la restauration des apôtres ne faisait que commencer, quand tout le monde essayait encore de s'y retrouver.

Mais avec le temps, par essais et erreurs, notre compréhension du ministère apostolique a évolué pour céder la place à une autre génération d'apôtres que Peter Wagner appelle *apôtres Microsoft*. Cela fait tout de suite naître une image dans notre esprit. Ces apôtres aiment le travail d'équipe. Ils se spécialisent dans la coopération plutôt que dans la compétition; les limites de leurs sphères ne sont pas rigides et, en fait, ils peuvent fonctionner avec aise dans plusieurs sphères en même temps. Le refrain qu'ils pourraient parfois avoir sur les lèvres serait *With a Little Help from My Friends*.

Un nouveau type de réseaux

En plus de tous ces différents styles, saveurs et générations d'apôtres que nous avons, et en plus de toutes les expressions de réseaux que nous connaissons, il reste malgré tout un autre type de réseau à établir aujourd'hui, parce qu'il accélèrera notre progrès dans l'accomplissement du mandat apostolique d'envahir, occuper et transformer ce monde pour le royaume de Dieu. Ce nouveau type de réseau reliera les centres apostoliques les uns avec les autres, produisant une *grille de pouvoir pour la gouvernance territoriale*.

Les centres apostoliques sont des bastions ancrés dans la vie réelle, placés de façon stratégique à l'intérieur d'un territoire géographique, accueillant la présence de Dieu, et investis de l'autorité qui vient dans haut. Ils sont les quartiers généraux du ciel sur la terre.

Cependant, nous ferions une grande erreur de penser pour un instant qu'ils possèdent assez de puissance pour mener leurs propres guerres. Les centres apostoliques ne peuvent se permettre le luxe d'exister indépendamment les uns des autres; il y a une réalité qui est plus grande que ce qu'aucun d'eux ne peut affronter tout seul, et une vision globale doit être l'une des caractéristiques de l'ADN apostolique que nous portons.

Il est facile de prévoir une prolifération de réseaux apostoliques dans notre temps. Plusieurs autres apôtres arrivent sur la scène, avec autant de sphères d'autorité que le Seigneur leur accorde. Ils mettront sur pied des équipes créatives : équipes d'apôtres, équipes de prophètes, équipes de leaders aux dons multiples, des sphères croisant d'autres sphères, des roues dans d'autres roues. Les formes sous lesquelles elles se présentent peuvent varier et nous surprendre, mais indépendamment des variations, l'église restera fondée sur les apôtres et les prophètes, avec Jésus-Christ comme pierre angulaire, et la maison de Dieu continuera d'être une habitation de Dieu en esprit. Où que cette maison soit établie, l'autorité apostolique continuera d'être pour elle la volonté de Dieu, et quand ces maisons se relieront entre elles dans des relations spirituelles, nous verrons le type de réseau que Dieu avait en tête quand il a établi le plan pour son temple spirituel sur la terre.

Portrait global

Tout comme Antioche, Corinthe, et Éphèse étaient des centres de ressources pour le nombre grandissant d'églises dans leur partie du monde, nous devons, pour pouvoir relier l'ensemble des églises et des ministères qui sont destinés à s'implanter dans le tissu social, voir des centres apostoliques établis dans les villes clés de chaque nation, mettant ainsi à la disposition du monde le pain et le vin du royaume.

Ces centres apostoliques situés dans les nations travailleront ensemble pour former une structure de gouvernance pour le royaume de Dieu. Les apôtres apporteront leurs réseaux ensemble et traiteront des questions de l'heure. Ceci donnera naissance à des *réseaux de réseaux*, qui formeront ensuite des *plate-formes globales* pour recevoir l'autorité céleste de façon toujours plus grande, jusqu'à ce que Jésus revienne. Cette grille de gouvernance sera basée sur la montagne de l'église, mais sera aussi en opération sur toutes les montagnes de la société. Dans le présent chapitre, j'examine principalement la situation du point de vue du domaine de l'église, mais au chapitre 9, j'élargirai le propos à l'impact des nouveaux centres apostoliques opérant dans toutes les sphères de la société.

D'UNE APPROCHE LÉGALE À RELATIONNELLE

Le changement d'outres actuel nous fait passer des structures légales aux réseaux relationnels. Nous sommes habitués d'entendre que la foi chrétienne est une question de relation. Si c'est bien le cas, nous devons nous demander pourquoi nous avons si souvent glissé dans un mode légal dans notre pratique. Et nous devons nous demander à quoi pourrait bien ressembler un véritable *modus operandi* relationnel. Je ne peux prétendre connaître toutes les réponses à cette question, mais ce que je sais, c'est que les paradigmes sont en train de changer.

Nous savons tous comment les structures légales fonctionnent dans l'église. Comme toutes autres structures légales, elles se conforment à la loi qui est un ensemble de règles prescrites, et que les autorités font respecter. L'idée derrière tout cela est de s'assurer que les membres de la dite structure croient et pratiquent ce qui est juste. Afin d'y arriver, des professions de foi et des statuts et règlements détaillés sont écrits. Rien de mal en soi, sauf qu'il est très difficile de réduire la vie à un nombre de règles auxquelles il faille se conformer. Jésus n'a jamais pris l'approche légaliste pour résoudre les questions de la vie, et il n'a pas laissé de statuts et règlements pour diriger l'église après son départ non plus. Bien sûr, la Bible comprend de nombreuses instructions sur ce que nous devons croire et comment nous devons vivre, mais nous devons nous garder d'en faire un manuel austère. L'intention du Père était que son Saint-Esprit, venu faire sa demeure en nous, nous guide, par sa parole vivante, dans la toute la vérité.

Une pensée légaliste peut se retrouver à n'importe quel niveau de l'église. Ce n'est ni une question de grosseur ni de génération. Un petit groupe maison peut être affligé d'un esprit légaliste autant qu'une grande organisation; un ministère radical pour les jeunes adultes peut être aussi rigide et contrôlant qu'un club de personnes âgées. Dans les organisations traditionnelles, on requiert habituellement que les membres donnent leur plein accord à un certain nombre de règlements écrits ou entendus qui reflètent la révélation et l'interprétation de l'organisation des exigences de Dieu. Bien souvent, les membres doivent signer un document pour officialiser leur accord. Encore une fois, rien de mal en soi, mais plusieurs diraient qu'ils se sentent davantage entravés que libérés par l'exercice. Combien de fois des gens qui avaient signé de tels documents ont-ils dit par après : « Eh bien! Je ne crois pas vraiment aux articles 12 et 14, mais qu'est-ce que je pouvais faire? »

Il faut réaliser que nous avons été créés avec un désir d'appartenance. Le désir de compagnie n'est certainement pas limité au seul mariage. Ajoutez à cela que comme croyants nous avons aussi le désir de respecter l'autorité et d'être fidèles à nos engagements, et nous commençons à comprendre qu'il n'est pas facile de naviguer, avec une bonne conscience, autour de certaines des structures légalistes bien établies dans les eaux chrétiennes.

J'ai dit « certaines » parce que, heureusement, ce ne sont pas toutes les organisations qui sont légalistes; il existe des niveaux de liberté et des pratiques qui facilitent le souffle de vie dans plusieurs organisations. Cependant, nous sommes à une croisée des chemins dans l'histoire de l'église, et de nouvelles outres sont en train d'émerger.

Les centres apostoliques sont certainement des avant-postes dans cette transition, et les réseaux apostoliques, sur une échelle plus large, sont aussi à l'avant-garde de ce que le Saint-Esprit fait actuellement. Nous devons cependant admettre que même parmi les réseaux apostoliques déjà établis, il est possible de trouver des pratiques qui reflètent la vieille manière de faire les choses. De la même façon que la restauration des apôtres a évolué progressivement au travers de saisons d'apprentissage, les réseaux apostoliques sont aussi en constante évolution. Ils deviennent de plus en plus organiques et relationnels, et les apôtres qui les dirigent deviennent davantage des pères équilibrés au milieu de leur famille que des PDG dans leurs entreprises.

Dans ces réseaux, nous parlons d'alignement plutôt que de couverture. Nous apprécions le dialogue à cœur ouvert, se déroulant dans le respect, plutôt que la lutte pour imposer ses vues. Nous avons besoin que le parcours dans l'alignement proposé se fasse de bonne foi. Dans de tels réseaux apostoliques, les membres ont la liberté de penser par eux-mêmes, et d'écouter les instructions du Seigneur. Et il est permis d'être en accord ou en désaccord. Je ne parle pas ici des principes fondamentaux de la foi chrétienne tels qu'on les trouve dans les Écritures. Ceux-là sont non négociables. Mais sur des sujets qui sont une question d'interprétation ou d'opinion, vous trouverez des leaders, même aux plus hauts niveaux, qui partagent des vues différentes, mais qui marchent néanmoins ensemble dans une unité serrée. C'est là un signe de maturité et d'amour que le monde doit voir en nous.

Les réseaux apostoliques doivent devenir l'expression de la prière de Jésus en Jean 17 : « Qu'ils soient un. » Lorsque nous sommes plus près de cette unité, elle témoigne de la victoire de Jésus qui est activée dans son corps. Voilà la structure vivante qui peut libérer la grâce de Dieu sur la terre et faire des nations des disciples.

BÂTIR DES PROTOTYPES

Bâtir un prototype n'est jamais facile. C'est comme assembler un casse-tête sans avoir l'image en face de soi. C'est un travail de pionnier. Nous bâtissons quelque chose que nous avons vu en vision, mais pour ceux qui nous regardent faire, l'entreprise n'est pas toujours évidente. Dans la vie réelle, cela peut même se traduire par de la résistance ou de l'opposition.

Dans l'église primitive, les croyants devaient faire face à l'esprit de la structure religieuse de leur temps. Ce qu'ils bâtissaient représentait une menace à la religion traditionnelle de leurs pères. Aujourd'hui, les réseaux apostoliques peuvent aussi être perçus comme une menace à la structure traditionnelle de l'église. C'est malheureux, mais pourtant bien conforme à la déclaration de Jésus selon laquelle on ne peut verser de vin nouveau dans de vieilles outres (voir Mt 9:17).

D'autre part, dès que vous réussissez à bâtir un prototype viable, les promesses de reproduction sont phénoménales. C'est pourquoi l'ennemi résiste tant à nos efforts quand il sait que nous ouvrons de nouvelles voies. Les centres apostoliques et les réseaux qui les relient sont les plus récents prototypes à être développés dans l'église. Nous serons bientôt en mesure de commencer à les exporter pour aider tout l'ensemble du corps. Je dis souvent à mes amis que dans quelques années seulement la réalité des centres et des réseaux apostoliques sera devenue la norme, et non l'exception. C'est là la puissance des prototypes quand ils surgissent au bon moment dans l'histoire.

LA GOUVERNANCE TERRITORIALE POUR L'AVANCEMENT DU ROYAUME

J'ai écrit, au chapitre 1, qu'il n'y a pas de vie sans structure. Nous savons que les paroles de Jésus sont Esprit et vie (voir Jn 6:63). Ceci n'a jamais été remis en question, du moins parmi les croyants; nous sommes tous d'accord que son message est porteur de vie spirituelle. La question qui nous donne en fait plus de difficulté est la suivante : *comment garder cette vie pour qu'elle continue de grandir et puisse être offerte à un monde affamé?* Une fois de plus, notre défi est au niveau de l'outre, pour que le vin précieux ne soit pas gaspillé.

Un nombre incroyable de livres et de sermons ont été écrits et prêchés pour aider les gens à devenir des vases purs pour la présence de Dieu, mais peu ont été proposés pour expliquer comment devenir le corps collectivement responsable et mûr qui peut faire de toutes les villes et nations des disciples manifestant une vie abondante. Pourtant, le concept des outres est bien davantage collectif qu'individuel, parce c'est dans la grappe que se trouve le jus, et non dans les raisins pris individuellement (voir Es 65:8). Puisque c'est le cas, nous devrions adopter une vue globale sur le mandat de l'église, qui est de nature apostolique, et chercher les structures qui peuvent le mieux servir ce mandat.

En Matthieu 28:19, Jésus nous dit de faire « de toutes les nations des disciples ». Certaines personnes ont cependant de la difficulté à voir comment cette parole pourrait vraiment s'appliquer aux nations. Pourtant nous savons qu'Apocalypse 11:15 doit s'accomplir :

> Le royaume du monde est remis à notre Seigneur et à son Christ; et il régnera aux siècles des siècles.

Pour ces même personnes, cela veut dire que le règne de Jésus sur terre non seulement n'appartient qu'au futur, mais que nous, comme croyants, ne devrions pas même travailler en vue de ce but, laissant au Seigneur, et à lui seul, la tâche d'établir son royaume quand il reviendra. De plus, certains en sont aussi arrivés à la conclusion que même si nous savons que ce règne viendra et que nous en ferons partie, il serait mal venu de notre part de le viser avant que le Seigneur soit d'abord revenu.L'option qui reste à l'église, toujours selon la même vue, serait de gagner le plus grand nombre possible d'âmes au salut, mais sans essayer de toucher aux structures de la société, cette partie étant laissée à Jésus lui-même dans le futur. Autrement dit, jusqu'au retour de Jésus, notre seule option serait d'arracher des âmes individuelles des mains de l'ennemi, une à la fois, sans essayer de stopper le règne du diable sur la terre.

Par contre, si nous considérons que pour réaliser notre mission qui est de faire des nations des disciples nous devons toucher tous les domaines de la société par un nouveau système de valeurs, nous devrons alors mettre en place de nouvelles outres correspondant aux paradigmes bibliques nouvellement redécouverts : une nouvelle structure spirituelle de gouvernance guidée par le Saint-Esprit pour transformer le monde.C'est ce que nous examinerons dans le prochain chapitre.

3ᵉ PARTIE

Établir un alignement pour la transformation territoriale

CHAPITRE 9
Transformer le siècle présent

LE CONFLIT POUR LA DOMINATION TERRITORIALE

Les prédications de Paul produisaient une grande récolte d'âmes, et ses enseignements formaient une multitude de disciples, et continuent d'ailleurs toujours de le faire. Mais il ne s'est pas arrêté là; il a ouvertement défié le règne de Satan à tous les niveaux de la société et a posé la fondation pour transformer les villes et les nations où il avait été envoyé. L'exemple le plus clair de cela se révèle dans les évènements qui se sont succédé au cours des trois années qu'il a passé à Éphèse, lors de son troisième voyage apostolique.

L'emplacement stratégique d'Éphèse

Capitale de la province d'Asie, Éphèse était un très important centre politique, commercial et religieux. Paul a réalisé que cette ville occupait une situation stratégique pour qu'un centre apostolique devienne une plaque tournante pour les territoires qu'il avait déjà évangélisés. Elle se trouvait à égale distance de la Galatie et de Thessalonique, à 400 kilomètres de Corinthe, et à environ la même distance de Philippes et d'Antioche de Pisidie. D'Éphèse, Paul pourrait envoyer et recevoir des lettres et des messagers de toutes les églises qu'il avait établies.

Durant cette période, Paul atteignit le sommet de son activité apostolique. Son influence eut un impact sur toute la province, et l'histoire nous dit que plusieurs leaders politiques et hommes d'affaires avaient développé avec lui des relations. C'est à Éphèse que « Dieu faisait des miracles extraordinaires par les mains de Paul, au point qu'on appliquait sur les malades des linges ou des mouchoirs qui avaient touché son corps, et les maladies les quittaient, et les esprits malins sortaient. » (Ac 19:11-12)

Cette activité ne faisait cependant pas l'affaire de tous, et Paul, après avoir écrit aux Corinthiens qu'une « porte grande et d'un accès efficace » lui était ouverte, ajouta : « Les adversaires sont nombreux. » (1 Co 16:9) Mais cette fois, au lieu de provenir des Juifs religieux de la synagogue, l'opposition sortait d'une toute autre direction : les marchands du temple de la déesse Diane.

Un centre mondial du paganisme

Éphèse était le centre mondial du culte offert à Artémis, ou Diane pour les Romains. Des pèlerins venaient de partout pour visiter son temple – une des Sept Merveilles du monde – et célébrer par milliers l'immense festival annuel qui avait lieu en mai, mois dédié à la déesse. Le temple logeait une foule de prêtres, d'eunuques et de prostituées, et attirait de nombreux magiciens, comédiens, musiciens, diseurs de bonne aventure et astrologues. De plus, Éphèse avait tout un marché de statuettes d'argent, reproductions du temple, et cette lucrative industrie fournissait de l'emploi à un grand nombre d'orfèvres et d'artisans.

Éphèse était le siège d'une des plus puissantes déités de l'antiquité, un esprit territorial qui avait une emprise sur la vie sociale et économique de toute l'Asie, et au-delà. C'est ce qu'on pourrait appeler la forteresse d'une principauté; c'était un centre mondial de sorcellerie et d'idolâtrie. Néanmoins, c'était exactement le lieu où Dieu choisit d'envoyer Paul pour démontrer sa grande puissance et son autorité.

Genèse du conflit

La confrontation se développa en trois stades. Premièrement, des individus furent délivrés d'esprits malins qui les affligeaient (voir Ac 19:12). Deuxièmement, plusieurs personnes qui avaient pratiqué les arts magiques apportèrent leurs livres et les brûlèrent publiquement. La valeur en fut estimée à cinquante mille pièces d'argent, ce qui représente environ dix mille dollars. Ce jour-là, un grand coup fut porté à la forteresse de l'ennemi. La narration de cet évènement se termine ainsi : « C'est ainsi que la parole du Seigneur croissait en puissance et en force. » (Ac 9:20) Troisièmement, Paul persuadait et détournait une foule de gens de l'idolâtrie, non seulement à Éphèse mais dans pratiquement toute l'Asie, disant que les dieux faits de main d'homme ne sont pas des dieux (voir Ac 19:26). Ce dernier point déclencha l'incident que nous appelons l'émeute d'Éphèse, qui décrit la réalité des sphères territoriales d'autorité de manière frappante.

L'émeute

Démétrius, un entrepreneur influent dans l'industrie des icônes d'argent, voyant la menace que l'activité de Paul faisait peser sur son métier, convoqua ses collègues. Après s'être rassemblés pour entendre Démétrius, ils commencèrent à crier et à troubler toute la ville, puis se précipitèrent tous ensemble au théâtre, qui pouvait contenir 25 000 personnes. Ceci nous donne une idée du nombre d'artisans qu'il dut y avoir pour produire une telle manifestation, et la force de ce secteur économique à Éphèse.

La façon hystérique dont la foule cria le nom de la déesse pendant deux heures est assez révélatrice. Cette explosion de rage était alimentée par une inquiétude beaucoup plus profonde que les pertes économiques d'une industrie païenne en déclin. C'était une réponse directe à l'avancée territoriale du royaume de Dieu. Démétrius lui-même l'avait énoncé clairement :

Le danger qui en résulte, ce n'est pas seulement que notre industrie ne tombe en discrédit; c'est encore *que le temple de la grande déesse Diane ne soit tenu pour rien, et même que la majesté de celle qui est révérée dans toute l'Asie et dans le monde entier ne soit réduite à néant.* (Ac 19:27, c'est nous qui soulignons.)

Le centre apostolique que Paul avait établi à Éphèse était devenu un défi insupportable pour les forces spirituelles basées dans cette région. Toute l'émeute était en fait un conflit ouvert pour la domination territoriale.

Au-delà de la religion

Cet incident montre que l'expansion du royaume de Dieu n'est pas simplement une affaire de religion; elle touche aussi d'autres sphères de la société et peut provoquer des débats sociaux aux répercussions économiques. C'est une opération militaire dans l'esprit pour détruire les œuvres du diable et transformer le monde par l'amour, la miséricorde, la puissance et l'autorité de Dieu.

DIVISÉS NOUS NE POUVONS VAINCRE

Tout royaume divisé contre lui-même est dévasté, et toute ville ou maison divisée contre elle-même ne peut subsister. (Mt 12:25)

Il n'y a aucun doute là-dessus : pour obtenir l'autorité spirituelle dans une région donnée, il faut de la cohésion dans le camp. C'est ce que Jésus expliquait en décrivant le sort tragique qui attend tout royaume divisé contre lui-même, ou toute ville ou maison divisée de la même façon. Pour s'assurer que nous comprenions, il l'expliqua de nouveau aux versets 29 et 30, cette fois en utilisant l'image d'un homme fort, de sa maison, et de ses biens. Voici mon interprétation de ce passage :

Si nous voulons avoir suffisamment de force pour vaincre l'homme fort, entrer dans le territoire où il domine, prendre ses biens (les vies précieuses des gens qu'il a asservis), libérer les gens et leur redonner leurs possessions, nous allons devoir cesser nos poursuites ministérielles égoïstes et nous unir comme un seul homme avec Jésus.

Si nous voulons voir des régions entières conquises, occupées et transformées, nous devons quitter stratégiquement la triste fin du livre des Juges, quand il n'y avait pas de roi en Israël, et relier les centres et réseaux apostoliques sous le leadership du seul et unique roi, le Seigneur Jésus-Christ. Ceci, au-delà de toute autre chose, demeure la plus grande tâche des apôtres de notre temps.

UNE HISTOIRE DYSFONCTIONNELLE

En ce temps-là, il n'y avait point de roi en Israël. Chacun faisait ce qui lui semblait bon. (Jg 21:25)

La dernière phrase du livre des Juges est à la fois un sommaire des tribulations d'Israël pour la période suivant la conquête de la Terre Promise et une image prophétique de l'église après le première période apostolique.

En ce temps-là, Israël n'avait littéralement pas de roi humain, ce qui explique pourquoi chacun faisait ce qui lui semblait bon. Cela ne veut pas dire qu'il n'y avait pas de révélation de la volonté de Dieu, car il leur avait donné la Torah. Mais une loi sans roi ne vaut guère mieux qu'un roi sans loi. Cependant, la vérité est que même s'ils n'avaient pas de roi humain, Dieu était leur roi (comme pour l'église) – mais ils avaient malheureusement beaucoup de difficultés à obéir à ce roi divin. Alors Israël retombait encore et encore dans le péché, provoquant la colère de Dieu et tombant entre les mains de leurs ennemis (voir Jg 2:11-14). Mais parce que Dieu est fidèle à son alliance, chaque fois que la situation se produisait, il suscitait des juges, qui étaient comme des rois temporaires, et ces juges rassemblaient assez d'hommes pour délivrer le peuple de ceux qui les pillaient (voir Jg 2:16) et ramener la paix dans le pays.

L'église, par contre, a un roi qui règne par le Saint-Esprit, mais si nous jetons un coup d'œil sur les siècles passés jusqu'à aujourd'hui, force nous est d'admettre que pendant de longues périodes de l'histoire, et même dans nos cercles actuels, plusieurs ont fait ce qui leur semblait bon plutôt que ce que désirait le Seigneur. Au lieu de donner naissance au royaume de Dieu, nous avons engendré la chrétienté qui, historiquement, a régné par la force ou par l'oppression des populations, une tragique perversion du mandat original de l'homme d'assujettir la terre (voir Ge 1:28). De nos jours, la faillite de ce système religieux est devenue de plus en plus criante, laissant dans sa foulée une église fracturée.

RÉSULTATS DYSFONCTIONNELS

Quand l'histoire de l'église montre que chacun a fait ce qui lui semblait bon au lieu de se soumettre à la voix du seul et unique roi, les résultats sont tragiques. Au lieu d'avancer avec ordre et efficacité, nous sommes devenus un corps dysfonctionnel de croyants essayant de remplir une mission bien au-delà de sa portée. Les nations regardent les tentatives pathétiques de membres séparés les uns des autres essayant d'accomplir ce que seuls des efforts coordonnés pourraient jamais permettre. Sans relier correctement les réseaux et les centres apostoliques, la structure globale nécessaire à l'application efficace et stratégique des ordres du Roi Jésus ne sera pas en place.

Au lieu d'un corps en santé, bien proportionné, nous composons avec quelques ministères géants, mal connectés à un pauvre et faible assemblage d'églises locales dispersées. Vus du ciel, nous devons offrir la triste image d'un corps difforme, à peine connecté à sa tête.

C'est là très certainement la raison principale pour laquelle – malgré tous nos efforts, notre énergie et notre argent – nous avons été si limités dans notre capacité à produire une transformation mesurable dans les nations avec l'évangile du royaume. Le problème n'a pas été que la résistance de l'ennemi ou le manque d'ouvriers, mais notre propre anarchie dans la manière de conduire l'église.

Fort heureusement, nous vivons aux temps du rétablissement de toutes choses (voir Ac 3:21), et le Saint-Esprit dirige de nouveau son église vers le gouvernement divin établi dans les jours des Actes.

LE NOUVEAU GOUVERNEMENT DES ACTES

Il a paru bon au Saint-Esprit et à nous... (Ac 15:28)

L'aventure de l'église avait bien commencé : les Juifs apportaient l'évangile à d'autres Juifs. Oui, des persécutions sont venues secouer les premiers croyants, mais, si l'on considère leur mission et la voie vers l'avant, la situation avait le mérite d'être assez simple. Ils travaillaient en terrain connu, à l'intérieur de leur culture, considérant *la Voie* comme un développement de la foi de leurs pères (voir Ac 24:14). Le gouvernement de l'église reposait dans les mains des apôtres et consistait principalement à établir les bonnes priorités et répondre aux besoins spirituels et logistiques d'une communauté en croissance. Nous en voyons un exemple quand vient le temps de choisir des hommes pour servir aux tables, libérant les apôtres qui pourront s'adonner à la prière et à l'enseignement de la parole de Dieu (voir Ac 6:2-4).

Il devait cependant se produire quelque chose qui ébranlerait leur monde de façon dramatique et forcerait le gouvernement de l'église à évoluer dans une toute autre dimension : les païens commencèrent à être sauvés.

Les Juifs ne savaient que faire d'eux. Quand Jésus leur avait dit qu'ils seraient ses témoins « jusqu'aux extrémités de la terre » (Ac 1:8), ils pensaient probablement qu'il voulait dire qu'ils iraient vers la Diaspora, ces communautés juives dispersées un peu partout sur la terre. Voir les païens venir se joindre à eux était plus qu'un simple choc : ils n'avaient aucun point de référence dans leur paradigme pour cette tournure des évènements.

Certains étaient d'avis qu'il fallait les accepter tels quels, tandis que d'autres insistaient pour qu'ils soient circoncis, c'est-à-dire qu'ils adoptent le judaïsme pour suivre le Seigneur. Comme tout ceci commençait à créer de la confusion et des querelles, on convoqua le conseil historique de Jérusalem pour trouver une solution. Après bien des discussions, Jacques se leva et prononça une parole de révélation : les païens qui venaient à la foi étaient l'accomplissement de la promesse de Dieu de restaurer la tente de David!

Il décidèrent finalement que les païens n'auraient pas à être circoncis, ce qui était l'un des plus importants décrets gouvernementaux à jamais être prononcé dans toute l'histoire de l'église, avant ou après ce conseil. Il scella pour toujours la pleine entrée des nations dans l'église et pava la voie à la création de l'homme nouveau, plus tard décrit en Éphésiens 2:15. Mais le changement le plus extraordinaire, qui alla même au-delà de ce moment décisif, se produisit quand le conseil écrivit dans la lettre qui annonçait sa décision : « Il a paru bon au Saint-Esprit et à nous… » (Ac 15:28) Ceci établit un tout nouveau degré de gouvernance spirituelle dont le conseil avait besoin pour rendre une décision historique de cette magnitude. Ce type de gouvernement spirituel est ce que le Seigneur restaure aujourd'hui avec la Nouvelle réforme apostolique. C'est un privilège immense et inconcevable pour des gens sur la terre de pouvoir dire : « Le Saint-Esprit et nous », car on y trouve le véritable secret de l'autorité pour régner sur la terre au nom de notre Père. À mesure que le réseautage apostolique continuera de progresser, nous nous éloignerons de plus en plus de la fin du livre des Juges et deviendrons de meilleures et plus tangibles expressions du royaume de Dieu.

LA GRANDE TÂCHE APOSTOLIQUE : TOUT ALIGNER SOUS UN SEUL ROI

Le niveau d'autorité que le Seigneur est prêt à partager avec son église aujourd'hui est absolument stupéfiant! C'est une pensée qui pourrait nous effrayer que de simples humains participent à l'autorité de Dieu. Même si cela se fait par délégation, il n'en reste pas moins que ce n'est pas un pouvoir ordinaire à gérer. Les apôtres, en particulier, sont les premiers candidats à l'obtention d'une telle autorité.

Connaissant le danger que le pouvoir et l'autorité peuvent représenter quand ils tombent entre de mauvaises mains (les répercussions de ce scénario se sont malheureusement fait ressentir plusieurs fois dans le cours de l'histoire de l'humanité), il est impératif pour le mouvement apostolique d'avoir des mains saintes et de ne construire que selon le cœur et le plan de Dieu. Il n'y a aucune place pour les apôtres autoproclamés qui désirent bâtir leur propre royaume pour des gains personnels : « Ces hommes-là sont de faux apôtres, des ouvriers trompeurs, déguisés en apôtres de Christ. » (2 Co 11:13)

Le saint mandat qui nous est donné requiert que les apôtres se conforment à ce que Paul a déclaré sur lui-même. Après avoir ouvert le chapitre 9 de sa première lettre aux Corinthiens par « Ne suis-je pas libre? Ne suis-je pas apôtre? », il déclare au verset 19 : « Je me suis rendu le serviteur de tous... » (1 Co 9:19) Et sur sa position avec le Seigneur, il se dit « le prisonnier de Christ » (Ep 3:1). Tout est pour lui, et tout est par lui – la maison, l'épouse, le royaume et toutes choses. Sachant cela, nous devons relier les centres et réseaux apostoliques sous le leadership du seul et unique roi.

Cela nous conduira à une réorganisation des mécanismes de décision, ce qui exigera davantage que l'occasionnelle table ronde apostolique. Nous parlons ici d'apôtres qui respectent les sphères de leurs collègues (voir 2 Co 10:13-18), estiment ces derniers dignes d'un plus grand honneur (voir Ro 12:10) et répondent à la prière de Jésus pour que nous soyons un (voir Jn 17:21).

Quand les sphères s'assemblent, quand les centres apostoliques se relient, quand les réseaux s'unissent, nous pouvons alors commencer à parler d'alignement apostolique global avec le ciel et d'une transformation territoriale devenant possible. Les apôtres doivent se lier les uns aux autres de façon organique, apportant non seulement leurs ressources, mais aussi leur cœur à la table.

TYPES D'UNITÉ

L'église est habituée à certains niveaux d'unité, et chacun de ces niveaux requiert une implication différente. Voici quelques-uns des types les plus communs :

L'unité pour un bénéfice mutuel

C'est l'unité du « c'est bon pour vous et c'est bon pour nous, alors on le fait ». Un exemple serait le partage de ressources quand la chose apporte un bénéfice mutuel. Par exemple, vous avez besoin d'un endroit pour vos services du dimanche, et nous avons besoin d'un peu d'argent d'extra. Vous pouvez utiliser notre sanctuaire l'après-midi contre une offrande raisonnable, et cette offrande nous aidera à payer nos factures d'entretien.

L'unité autour d'un but commun

Nous pourrions inviter un évangéliste de renom pour notre ville. Nous enrôlons un certain nombre d'églises pour organiser l'évènement et se partager les frais, puis nous orientons les personnes nouvellement sauvées parmi les différentes églises.

L'unité dans la communion fraternelle

C'est agréable de se rencontrer et partager ce que nous faisons, connaître les dernières nouvelles et prier les uns pour les autres en tant que serviteurs de Dieu. C'est le portrait classique de plusieurs groupes ministériels où les pasteurs et leaders spirituels de la ville se réunissent une fois par mois, ou même plus. Il y a un niveau d'amitié et d'appréciation mutuelle, et parfois la prière pour la ville peut se faire de façon intense. C'est aussi une plate-forme pour organiser le souper de Noël annuel ou pour parler des plans pour Pâques. Rien de mal dans tout ça. C'est bon. Notre église est l'hôte de ces rencontres mensuelles depuis plusieurs années, et elle offre son sanctuaire pour le souper de Noël annuel. J'aime bien!

L'unité en temps de crise

C'est l'unité devant une situation de crise qui demande une réponse du cœur. Ce n'est pas le temps de regarder nos différences. Il peut y avoir eu un incendie qui a laissé le quartier dévasté ou une catastrophe naturelle qui a frappé la ville (ou même l'autre côté de la planète). Il y a un besoin urgent d'aide humanitaire, et nous répondons rapidement.

L'unité stratégique

Ce type d'unité se rencontre dans les luttes morales qui demandent notre implication. Il peut s'agir de faire des représentations auprès du gouvernement ou de prendre position publiquement sur une question. Dans ces circonstances, le nombre compte. Les églises viennent ensemble, juste pour l'occasion, même si normalement elles ne se mêleraient pas les unes aux autres, étant aux antipodes des expressions de la foi chrétienne. C'est l'unité stratégique.

L'UNITÉ APOSTOLIQUE : CLÉ DU ROYAUME

La courte liste que je viens de donner ne prétend pas être une présentation exhaustive de l'unité que nous pouvons voir de façon régulière dans l'église – loin de là. Il y a des couches et des couches d'unité, de la plus superficielle à la plus profonde. Mais où est-ce que je veux en venir, me direz-vous? Je crois que le gouvernement apostolique nécessaire à la transformation de nos villes et nations demande un type particulier d'unité qui est encore à venir. Regardons ce que cette unité pourrait être.

Il serait faux de dire que l'unité apostolique n'existe pas du tout, mais je dirais que nous ne l'avons pas vue de façon systématique ou durable. Cela peut être dû au fait que la Nouvelle réforme apostolique est encore relativement jeune. Les apôtres devaient redécouvrir les anciens sentiers, les adapter à l'ère présente, et en définitive, partir de zéro. Il ne restait guère de temps, d'énergie et de ressources pour explorer le pays au-delà de sa propre sphère. Néanmoins, après avoir solidifié la définition et l'existence des apôtres, nous entrons maintenant dans la phase des centres apostoliques qui fournissent une base d'opérations plus large avec, comme résultat, le pouvoir de nous attaquer maintenant à des questions plus globales. *L'unité apostolique se traduit par l'autorité gouvernementale.*

Les apôtres ont reçu une mission spécifique et doivent faire preuve d'un caractère exemplaire, comme nous le voyons en Paul qui s'est fait le serviteur de tous. L'unité apostolique sera porteuse du même ADN; elle demeurera fonctionnelle, stratégique et visionnaire, tout en reflétant l'attitude de Jésus :

> Existant en forme de Dieu, il n'a point regardé son égalité avec Dieu comme une proie à arracher, mais il s'est dépouillé lui-même, en prenant une forme de serviteur, en devenant semblable aux hommes; et il a paru comme un vrai homme, il s'est humilié lui-même, se rendant obéissant jusqu'à la mort, même jusqu'à la mort de la croix. (Ph 2:6-8)

Les apôtres partageront un même amour, un même esprit, une même pensée, ne faisant rien par ambition égoïste ou par vanité, mais par humilité, regarderont les autres comme étant au-dessus d'eux-mêmes, ne considérant pas seulement leurs propres intérêts mais aussi ceux des autres (voir Ph 2:2-4). Tout comme pour Jésus, ces choses seront les marques de notre chemin d'obéissance et de mort à nous-mêmes.

Quels seront les résultats d'une telle conduite? Pour Jésus, ils furent les suivants :

> Dieu l'a souverainement élevé, et lui a donné le nom qui est au-dessus de tout nom, afin qu'au nom de Jésus tout genou fléchisse dans les cieux, sur la terre et sous la terre, et que toute langue confesse que Jésus-Christ est Seigneur, à la gloire de Dieu le Père. (Ph 2:9-11)

Ce passage exprime clairement que Dieu a déjà exalté Christ et que les fruits de cette exaltation continuent d'être manifestés maintenant et dans le futur. J'aime la description que Daniel 7:14 en fait :

> On lui donna la domination, la gloire et le règne; et tous les peuples, les nations, et les hommes de toutes langues le servirent. Sa domination est une domination éternelle qui ne passera point, et son règne ne sera jamais détruit.

Nous pouvons donc dire que le règne de Christ a déjà été établi et continue d'être établi. Maintenant, donnons la deuxième partie de la réponse à la question que j'ai posée. Quels seront les résultats pour nous, si nous basons notre unité apostolique sur l'exemple d'humilité et d'obéissance de Jésus?

> Les saints du Très-Haut recevront le royaume, et ils posséderont le royaume éternellement, d'éternité en éternité. (Da 7:18)

NOTRE MANDAT GLOBAL DE TRANSFORMER LES CULTURES

Jetons un autre coup d'œil à notre mandat. J'ai intitulé ce chapitre *Transformer le siècle présent*. Il soulève la question suivante : avons-nous vraiment le mandat de changer le monde ou devrions-nous limiter notre action à sauver des âmes? Autrement dit, pourquoi Jésus est-il venu?

Les royaumes de ce monde

J'aimerais commencer par la troisième tentation de Jésus. Après avoir essayé à deux reprises, et sans succès, d'insérer un doute en Jésus sur son identité en tant que Fils de Dieu, le diable joua le tout pour le tout et lui proposa de lui donner tous les royaumes du monde et leur gloire, à la condition qu'il se prosterne et l'adore (voir Mt 4 :8-9). En d'autres termes, Satan disait : « Je sais pourquoi tu es venu, et ce que tu veux, et tu sais ce que j'ai toujours voulu. Faisons un marché. »

Jésus a bien sûr refusé, pas seulement parce qu'il n'adorera jamais son ennemi, mais aussi parce que c'était un marché de dupes. Si Jésus avait accepté l'offre, il aurait régné sur le monde mais perdu son union avec le Père. La question de qui reçoit l'adoration est vraiment l'argument décisif. Dans sa tentative désespérée pour enfin se faire adorer, Satan sortit la plus grosse carotte qu'il pouvait trouver : les royaumes de ce monde.

Satan a volé la banque

Nous ne devons pas penser que Jésus a rejeté la troisième tentation du revers de la main comme une offre ne présentant aucun intérêt pour lui. Si cela avait été le cas, Satan ne l'aurait par utilisée comme son meilleur appât. Il est aussi important de noter que Jésus n'a jamais contesté le fait que diable avait bel et bien les royaumes du monde dans sa main et qu'il pouvait les offrir à qui il voulait.

Comment le diable a-t-il acquis l'autorité sur la terre? En recevant l'autorité des mains d'Adam (voir Ge 3:13; Ep 2:2), qui avait reçu de Dieu le mandat de dominer sur la terre (voir Ge 1:28). Quand cela s'est produit, l'homme a non seulement perdu son autorité, mais Dieu a aussi été privé de l'adoration qui lui revenait comme Seigneur Tout-Puissant, et de son règne sur terre au travers de l'homme.

Jésus a tout repris

Lorsque le temps est venu, Jésus est descendu du ciel, est né d'une vierge, et s'est attaqué à la tâche de « détruire les œuvres du diable » (1 Jn 3:8) et de « chercher et sauver ce qui était perdu » (Lu 19:10). En quoi consistaient les œuvres du diable? Faire pécher les hommes pour les asservir. Qu'est-ce qui était perdu? Le gouvernement de Dieu sur la terre exercé au travers de l'homme. Mais Jésus est venu renverser la vapeur et ramener l'honneur dû à son Père. Dieu pourrait avoir pris la terre de force en un clin d'œil, à n'importe quel moment, mais il choisit plutôt de dépouiller Satan de son autorité par la même porte que le serpent avait insidieusement empruntée pour entrer – le cœur des gens.

Le premier Adam avait volontairement donné la domination de la terre; le second Adam l'a reprise grâce à son sacrifice d'obéissance, invitant quiconque croit à le rejoindre et régner avec lui sur la terre (voir 2 Ti 2:10; Ap 5:12). À cet égard, notre rédemption nous donne plus que ce qu'Adam n'a jamais eu, même avant la chute, car sa relation avec Dieu impliquait une certaine séparation les distinguant, tandis que la nôtre est devenue une *union* interne par le Christ Jésus.

Une nouvelle administration

La victoire que Christ a remportée à la croix au prix de son sang est ce qui permet qu'un nouveau gouvernement dirige la terre. Énumérons quelques-unes des choses que Jésus nous a dites :

Vous êtes le sel de la terre. (Mt 5:13)

Vous êtes la lumière du monde. (Mt 5:14)

Allez, faites de toutes les nations des disciples. (Mt 28:19)

Allez par tout le monde, et prêchez la bonne nouvelle à toute la création. (Mc 16:15)

Terre, monde, nations, création – voilà des mots décrivant un mandat global, évoquant tous un concept de transformation territoriale.

Des temps de réforme

Il relèverait du plus pur exploit que d'arriver à expliquer comment ce mandat ne peut s'appliquer qu'à nos vies privées et non à la sphère publique, ou de dire que cela ne s'applique qu'à l'état de nos âmes et non à l'état de nos nations. Il est vrai qu'il y a une différence entre les domaines privé et public. Ne devrait-il cependant pas y avoir un déversement de notre foi personnelle dans notre vie publique? N'est-ce pas ce que Jésus voulait dire par « Vous êtes le sel de la terre » et « Vous êtes la lumière du monde »?

Sans tomber dans les extrêmes que sont les gouvernements dirigés par des groupes religieux, nous devons rechercher les meilleurs moyens pour que le royaume de Dieu exerce une influence sur toutes les sphères de la société dans le plein respect de la dignité humaine et du libre arbitre.

Quand je parle d'exercer une influence, je veux dire qu'il faut affecter l'atmosphère spirituelle sous laquelle vivent les gens en libérant l'atmosphère céleste. L'atmosphère spirituelle dans tout endroit donné est une expression directe de la culture qui prévaut, elle-même l'expression des valeurs et croyances existantes formant les paradigmes de ses habitants. Les paradigmes donnent ensuite naissance à des structures qui finalement dirigent la société, soit en permettant le mouvement de la vie ou, dans le pire des scénarios, en l'éteignant complètement.

Notre mandat, en tant que peuple apostolique, est de tout mettre en œuvre pour que la vie du Seigneur Jésus-Christ soit constamment libérée sur la terre, dans des mesures toujours plus grandes et sans empêchements ni interruptions. Afin d'y arriver, nous devons pénétrer la culture de notre temps avec les valeurs et croyances du royaume et renouveler les paradigmes actuels pour pouvoir commencer à vivre de la bonne façon.

Mais par où commencer?

LA FORCE DES SEPT MONTAGNES

Pour savoir où nous devrions commencer si nous voulons influencer les cultures, il est utile de se poser la question suivante : où les mentalités sont-elles formées?

En 1975, Bill Bright, fondateur de Campus pour Christ, et Loren Cunningham, fondateur de Jeunesse en mission (YWAM), dînaient ensemble et comparaient les listes qu'ils avaient dressées, chacun pour soi, de ce qu'ils considéraient être les sphères les plus influentes de la société. Ils en étaient arrivés à peu de choses près à la même liste de sept domaines : religion, famille, éducation, gouvernement, médias, arts et divertissement, affaires. Cette vue sociologique des hauts lieux qui façonnent la culture et forment les mentalités est connue sous l'appellation du modèle des sept montagnes. Ces dix dernières années, cette vue conceptuelle est devenue de plus en plus acceptée comme modèle valide, grâce en grande partie aux brillantes présentations d'un dénommé Lance Wallnau.

Le modèle des sept montagnes énonce simplement que chacune de ces sphères possède un pouvoir d'influence pour façonner la pensée des gens et former les cultures et sous-cultures de la société. Plus vous vous élevez sur une montagne, plus vous exercez d'influence sur cette sphère particulière. Au point le plus haut, un très petit nombre de personnes peut posséder suffisamment d'influence pour changer le cours de nations entières.

Nous avons vu, dans différentes nations, qu'en relativement peu de temps des groupes, pas nécessairement nombreux, mais bien organisés, ont réussi à faire changer les pratiques et les lois en gagnant un accès stratégique aux positions de tête de certaines montagnes. Les changements qu'ils ont pu apporter se sont produits même si la majorité de la population n'était pas du même avis. Les lobbies pour l'avortement et le mariage gai en sont de bons exemples dans certains pays occidentaux. Sans s'arrêter aux seuls changements de législation, ces lobbies, de leur position d'influence au sommet des montagnes, réussissent progressivement à faire modifier les mentalités de larges segments de la population, créant une nouvelle culture globale.

Si nous voulons apporter l'influence du royaume de Dieu pour transformer la société, nous ne pouvons demeurer ignorants de ces dynamiques. Comme je réfléchissais à la façon dont les sept montagnes façonnent la société, je réalisais que le véritable impact qu'elles ont ne dépend pas tant de la hauteur ou de la force d'aucune d'entre elles prise individuellement, mais plutôt de la poursuite d'un seul et unique objectif qui les lie en une *chaîne de montagnes*.

Examinons de nouveau la stratégie gagnante des partisans de l'avortement et du mariage gai. Ils ont premièrement envahi de façon simultanée deux des sept montagnes : les médias et les arts et divertissement. Par le terme *envahir* je veux dire qu'ils ont trouvé des voix fortes sur les deux montagnes par le biais d'artistes populaires, des comédies de situation à la télévision, et de couverture régulière dans les bulletins de nouvelles pour leurs déclarations publiques. Ils ont relié les sommets de ces deux montagnes, ce qui leur a donné une voix collective plus forte que s'ils s'en étaient tenus à une seule voix isolée sur l'une ou l'autre de ces deux montagnes. Puis ils ont réussi à faire élire dans le gouvernement des candidats partageant la même vue, de même qu'à gagner l'écoute de membres clés des partis politiques. Ils étaient peu nombreux, mais avaient une voix au sein de la sphère gouvernementale, une troisième montagne reliée aux deux premières. Nous pourrions maintenant parler d'une chaîne de montagnes se dressant pour un objectif commun. Et la démarche se poursuit, ajoutant un sommet après l'autre pour former une chaîne de montagnes toujours plus forte et toujours plus longue. Il n'est pas étonnant qu'une telle opération continue de produire le changement global dont nous sommes témoins. Il serait sage de tirer des leçons de tout cela.

MIGRATIONS EN PROVENANCE DE LA MONTAGNE DE L'ÉGLISE : DES COLONIES APOSTOLIQUES SUR LES AUTRES MONTAGNES

Si nous voulons voir le royaume de Dieu grandir dans les nations, cela veut-il dire que la montagne de la religion doit obtenir la prééminence sur les autres montagnes? Je ne le crois pas. Historiquement parlant, ce ne fut généralement pas une bonne chose quand la montagne de la religion se trouva à la tête de la société, chrétienne ou pas. On rapporte beaucoup d'abus quand la religion devient institutionnalisée et dirige le sort des populations.

Plusieurs chrétiens chérissent le rêve d'un réveil. Dans leur esprit, cela voudrait dire une intense saison d'activité dans l'église, caractérisée par des conversions massives et des réunions explosives. Le seul problème est que les réveils ne durent habituellement pas longtemps et réussissent rarement à produire une transformation à long terme de la société. Autrement dit, rêver au retour d'un âge d'or pour la montagne de l'église n'est pas la voie à suivre.

Nous avons traditionnellement adopté une notion erronée du royaume de Dieu. Nous sommes tellement habitués à camper sur la montagne de l'église que nous croyons que tout gravite autour d'elle. Ce n'est pas le cas. Le royaume de Dieu est beaucoup plus large que l'église, et le message de Jésus doit être exprimé et appliqué à toutes les sphères de la société, et non seulement à l'intérieur des paramètres des églises locales. En fait, ce paradigme de voir l'église comme la cible principale de l'évangile est ce qui nous a le plus empêché de réaliser la grande commission que Jésus nous a donnée et de porter la bonne nouvelle en dehors de nos quatre murs pour toucher le monde. L'église devrait plutôt être regardée comme première base d'opérations pour le royaume, sa force de formation et d'envoi – son quartier général.

À mesure que le paradigme apostolique continuera de se développer, nous verrons de plus en plus de centres apostoliques établis et, de ces centres, des équipes apostoliques seront envoyées aux autres montagnes pour apporter l'influence du royaume de Dieu. Cette migration d'équipes apostoliques établira des colonies du royaume sur toutes les montagnes et déclenchera le processus de transformation.Notre but n'est donc pas de voir comment la montagne de l'église pourrait grandir pour elle-même, mais comment elle pourrait être plus efficace dans l'envoi de gens adéquatement formés à toutes les sphères de la société. Nous devons arrêter d'inciter tout le monde à quitter sa montagne pour venir vivre sur la nôtre. Cela n'a jamais marché et ce n'est pas sur le point de changer.

Nous devons plutôt commencer à former les croyants pour qu'ils soient prêts à se lever dans les sphères commerciales, aux tables de décision sur l'éducation, aux conseils sur la famille, dans l'arène politique, dans le monde des médias et dans la jungle éclectique des arts et du divertissement – des croyants qui démontrent de la vision, de l'intégrité et de la foi. Ils doivent être envoyés à partir de la montagne de l'église à laquelle ils resteront liés de façon organique, mais leurs champs de ministère ne se trouveront pas sur la montagne de religion en tant que telle.

Quand je dis ministère, je parle d'un ministère global de transformation. Je ne parle pas ici des gens qui témoignent de leur foi dans leur milieu de travail et qui amènent leurs collègues au Seigneur. C'est bien sûr une partie essentielle de notre mandat et ce sera toujours le cas, mais il y a aussi un contexte plus large à considérer. Je parle de gagner de l'influence aux sommets des montagnes où se prennent les décisions qui affecteront la vie des nations pour des générations à venir.

Comme la mentalité de l'église commence à évoluer dans cette direction, créant un nouveau paradigme, nous verrons se former de nouvelles structures. C'est inévitable. De nouveaux paradigmes donnent toujours naissance à de nouvelles outres.

DE NOUVEAUX TYPES DE CENTRES APOSTOLIQUES

Nous sommes tellement habitués à fonctionner à l'intérieur de la sphère de la religion que notre esprit ne s'aventure pas au-delà de ces frontières familières. Laissez-moi cependant penser qu'à mesure que les centres apostoliques se développent, nous continuerons non seulement à envoyer de plus en plus d'individus doués exercer une influence grandissante sur des montagnes spécifiques, mais nous verrons aussi l'émergence de nouveaux types de centres, liés à la montagne de l'église d'où ils sont sortis, mais basés et fonctionnant sur d'autres crêtes.

Il est difficile de décrire avec précision ce qui n'a pas encore été manifesté, mais j'ai cette vision de petites équipes apostoliques qui commenceront à opérer au sein de différentes sphères de la société, y faisant des progrès constants. Dépendamment des dynamiques propres à chaque sphère, des structures spécifiques naîtront de la vie apostolique libérée, et des bases d'opérations émergeront pour faciliter le flot de cette vie. Le Saint-Esprit établira des centres qui auront été configurés de façon stratégique pour être pertinents et efficaces dans chaque sphère. L'impact de l'évangile du royaume sera maximisé, entraînant une transformation de la société.

Imaginez, par exemple, de tels centres apostoliques actifs sur la montagne des affaires, avec comme résultat l'adoption de nouvelles éthiques de travail qui changeraient la vie de segments entiers des populations. Cela pourrait vouloir dire la fin de la production abusive qui fait travailler femmes et enfants comme des esclaves. Cela pourrait sonner la fin des industries qui rejettent des déchets toxiques qui mettent en péril autant la nature que les populations. Cela pourrait signifier la redistribution des richesses et l'éradication de la pauvreté. Les possibilités sont sans fin.

Le monde des affaires semble être aujourd'hui, parmi les différentes sphères, la plus prête à recevoir une nouvelle expression des centres apostoliques. Les arts et le divertissement sont une autre sphère où nous voyons des développements en terme d'expression chrétienne qui pourraient rapidement mener à des stations apostoliques. Nous devrions cependant être prêts à faire des plans pour une migration d'équipes sur *toutes* les montagnes, avec une l'ouverture d'esprit nécessaire à la découverte des nouvelles outres que le Seigneur veut créer.

DE NOUVELLES CHAÎNES DE MONTAGNES

Dès que des centres apostoliques sont établis et en opération sur diverses montagnes, les relier dans des réseaux multipliera leur capacité à apporter une transformation dans la société. Ces réseaux fonctionneront comme les réseaux que nous avons dans la montagne de l'église, mais deux choses seront nouvelles : les caractéristiques uniques des centres apostoliques qui correspondront aux montagnes spécifiques, et les échanges entre les différents sommets, plutôt que le modèle unidimensionnel auquel nous sommes habitués sur la montagne de l'église.

Quand nous décrivons le modèle des sept montagnes, nous simplifions la réalité pour pouvoir donner à tous une image d'ensemble : sept montagnes avec sept sommets.

La force apostolique sera déployée pour envahir ces chaînes de montagnes complexes et les occuper avec des centres apostoliques. L'atmosphère du royaume de Dieu s'en dégagera et, malgré plusieurs conflits et de nombreux défis, le paysage spirituel commencera à changer à cause de la persévérance des saints et de l'assistance du Saint-Esprit. De nouvelles chaînes de montagnes apparaîtront, pénétrant tous les secteurs de nos vies.

Des familles apostoliques équilibrées rempliront les nations, tandis que des compagnies prophétiques voyageront sur les montagnes d'un sommet à l'autre, cherchant les plans célestes. Je peux anticiper des conseils d'apôtres reliés les uns aux autres, utilisant ces plans célestes pour lancer des opérations globales sur chaque montagne, rachetant le temps, libérant les captifs et redéfinissant nos cultures.

En nous alignant avec ce leadership apostolique cohésif et collectif, des régions et des nations entières seront restructurées et transformées, et les désirs de notre roi seront respectés jusque dans leurs moindres détails. Les dons agiront en synergie, avec précision et efficacité, exprimant l'autorité gouvernementale ordonnée de Dieu.

Que se passera-t-il ensuite? Le jour viendra où toute la terre sera remplie de la connaissance de la gloire de Dieu (voir Ha 2:14).

TRANSFORMATION TERRITORIALE

Il y a de nombreuses forces qui s'affrontent pour l'accès aux sphères d'influence dans le monde – plusieurs alliances, plusieurs chaînes de montagnes – pour la richesse et le pouvoir. Cependant, les montagnes qui déjà se sont élevées dans l'iniquité peuvent aussi être abaissées devant la compagnie du Seigneur :

Qui es-tu, grande montagne, devant Zorobabel? Tu seras aplanie. (Za 4:7)

Dans le même temps, une autre montagne s'élèvera :

Il arrivera, dans la suite des temps, que la montagne de la maison de l'Éternel sera fondée sur le sommet des montagnes, qu'elle s'élèvera par-dessus les collines, et que toutes les nations y afflueront. Des peuples s'y rendront en foule, et diront : Venez, et montons à la montagne de l'Éternel. (Es 2:2-3)

Je ne crois pas que la montagne de l'Éternel soit la montagne de la religion. Je crois plutôt qu'elle représente la pénétration du royaume de Dieu dans chacune des sept montagnes en même temps. C'est l'établissement des centres apostoliques dont nous avons parlé, libérant la sainte présence du Seigneur et son gouvernement sur toutes les montagnes.

La montagne de l'Éternel est l'habitation du Seigneur parmi son peuple. C'est la promesse du siècle à venir, qui envahira et transformera le siècle présent. Il n'y aura pas de sommet si haut ni de vallée si basse que les gens seront séparés du « royaume de son Fils bien-aimé » (Col 1:13).

C'est pourquoi nous sommes animés du même esprit que Caleb avait quand il dit à Josué : « Donne-moi donc cette montagne dont l'Éternel a parlé. » (Jos 14:12) L'heure est venue. Nous y sommes.

Personne n'enseignera plus son concitoyen, ni personne son frère, en disant : Connais le Seigneur! Car tous me connaîtront, depuis le plus petit jusqu'au plus grand d'entre eux. (Hé 8:11)

Ça donne le goût de vivre.

CONCLUSION

Quand j'avais neuf ou dix ans, je voulais une bicyclette Mustang, comme tous mes amis du quartier. J'en avais assez d'être la risée de tous quand j'enfourchais le seul vélo que nous avions à la maison, une vieille bicyclette *de fille* qu'une de nos tantes nous avait donnée.

Je m'étais plaint à mes parents à plusieurs reprises de cette situation embarrassante, mais nous n'avions, à l'époque, pas beaucoup d'argent. Je continuai quand même à ramener le sujet jusqu'au jour où mon père me dit : « Écoute, tu veux une nouvelle bicyclette?

— Oh oui, Papa!

— Eh bien, voici ce qu'on va faire! Si tu amasses la moitié de l'argent qu'il faut, je vais fournir l'autre moitié. »

J'ouvris de grands yeux, tout excité. Mais ce fut de courte durée; un doute envahit mon cœur. Je demandai à mon père : « Comment je vais faire pour amasser cet argent? » Après tout, j'étais quand même très jeune.

Il répliqua : « Tu pourrais ramasser des bouteilles vides. Tu n'as qu'à faire le tour des voisins et leur demander s'ils en ont à te donner, les apporter au magasin du coin, et on te donnera de l'argent en échange. »

Il dut voir mon dilemme. Ce serait très difficile pour moi – j'étais un garçon tellement timide. Je répondis avec de l'hésitation dans la voix : « Euh, oui Papa. »

Son visage brilla d'enthousiasme et il continua : « Mais tu sais où on peut trouver plein de bouteilles vides? Le long des routes! Les gens jettent leurs bouteilles par les fenêtres des autos quand ils ont fini de les boire. Les fossés en sont pleins. Tu sais quoi? Je vais y aller avec toi samedi matin! Et nous allons amener ton petit frère aussi pour t'aider. Je vais vous faire descendre au bord de la route et conduire juste un peu plus loin; vous allez ramasser les bouteilles et les amener à l'auto; puis je vais aller encore un peu plus loin, et tu verras qu'en un rien de temps vous aurez des tas de bouteilles! »

Mon père avait raison. Beaucoup de gens doivent lancer leurs bouteilles dans le fossé parce que cet été-là nous en avons trouvé tout plein. Mais rien ne pourrait jamais remplacer dans mes souvenirs ce sentiment de chaleur d'avoir eu mon père avec moi sur la route de mes rêves.

LES RÊVES

Les rêves. Je ne saurais pas comment vivre sans eux. Parfois, les jours sont difficiles et des voix s'élèvent au nom de la raison, vous disant d'être raisonnable, d'oublier ces rêves et de rentrer dans le rang. Mais quand un rêve est né au plus profond de soi, comment l'abandonner? D'où viennent-ils? Peut-on même toucher les profondeurs d'où ils ont jailli? Et Dieu? A-t-il des rêves? Ça ne serait pas étonnant quand on considère que nous avons été créés à son image.

Je crois que nos rêves les plus profonds sont en fait ceux que le Seigneur lui-même a plantés dans nos cœurs; plus que cela, ce sont des semences de ses propres rêves. Pas étonnant qu'il veuille venir avec nous quand il nous envoie les poursuivre. Il ne manquerait pas cela pour tout l'or du monde. C'est au travers de nous qu'il poursuit ses rêves. On retrouve toujours *celui qui envoie* dans la compagnie de *ceux qu'il envoie*. Je crois qu'il est important de s'en rappeler en avançant dans notre parcours apostolique. Cela restera toujours une aventure menée conjointement :

Avec toi je me précipite sur une troupe en armes, avec mon Dieu je franchis une muraille. (2 Sa 22:30)

LES CHAMPIONS SONT LÀ

La dernière décennie du XXe siècle et le début du XXIe ont assisté à la résurgence de ceux qui poursuivent des rêves. Un réarrangement des forces de l'intercession et du mouvement prophétique a apporté un nouveau feu à l'église. De nouveaux mouvements sont nés, et une nouvelle lignée de partisans du réveil s'est levée, refusant d'accepter l'état actuel de la société, avec toutes ses injustices sociales et morales.

Ces champions ont entrepris un périple pour confronter les systèmes établis aux sommets des montagnes d'influence ou pour les infiltrer. Dans un cas comme dans l'autre, l'objectif est de remplacer les royaumes de ce monde par le royaume de Dieu. Mais l'action de ces groupes de nouveaux *revivalistes* n'a été que très peu embrassée par les outres traditionnelles de nos églises locales. Même le mouvement apostolique, encore jeune et en période de formation, a rencontré de nombreux défis dans ses essais de déployer ses ailes à l'extérieur de l'espace confiné du christianisme confortable et prudent – un peu comme le jeune David alourdi par l'armure de Saül devant Goliath (voir 1 Sa 17:38-39).

Il y a cependant de nouvelles perspectives qui pointent à l'horizon.

LES QUARTIERS GÉNÉRAUX DU CIEL

La montée des centres apostoliques vient changer tout le paradigme que nous avons connu. Dieu va de l'avant avec la prochaine phase de son plan d'implantation du royaume sur terre. Les apôtres, entourés d'équipes apostoliques, auront maintenant les bases d'opérations dont ils ont besoin pour activer et envoyer les saints créer un impact sur leur ville et leur région, touchant toutes les sphères de la société. Ces bases apostoliques sont les quartiers généraux du ciel pour transformer le monde où nous vivons.

Ce que nous verrons bientôt sera un principe d'alignement commençant à agir dans le corps de Christ. Des leaders aux dons et ministères variés répondront aux incitations du Saint-Esprit à prendre leur place dans la structure globale que Dieu a réservée pour son église. Les congrégations locales seront connectées à des centres apostoliques vibrants et les réseaux se multiplieront, mais au lieu d'agir de façon indépendante, ils se développeront de façon interdépendante. Les apôtres et les prophètes, liés les uns aux autres et solidement établis en Jésus, seront investis d'une grande autorité pour ordonner que les décrets de Dieu soient appliqués sur terre. Plus qu'un réveil, ce sera un royaume préparé pour le Seigneur.

PASTEURS EN TRANSITION

Je suis convaincu que nombre de pasteurs lisant ce livre ont commencé à réaliser que leur don et leur vision étaient en fait plutôt ceux d'un apôtre que toute autre chose. Ce n'est pas surprenant, quand on considère que le paradigme traditionnel a pratiquement étiqueté tous les ministres ordonnés comme pasteurs. Dans le mouvement actuel de l'Esprit, nous pouvons nous attendre à découvrir plusieurs autres dons qui se cachent sous l'appellation de pasteur. Cependant, tous les pasteurs qui ont une vision ne sont pas nécessairement des apôtres, et le corps de Christ, qu'il soit dans des églises pastorales ou dans des centres apostoliques, a absolument besoin que de bons pasteurs continuent de faire ce qu'aucun possédant un autre don ne peut faire aussi bien qu'eux.

Mais, pour ceux qui parmi vous découvrent qu'ils sont bel et bien des apôtres ayant évolué dans des vêtements de pasteurs et voudraient maintenant faire la transition de leur structure actuelle d'église à un centre apostolique, permettez-moi le conseil suivant. Commencez par demander au Seigneur de vous montrer un apôtre mûr avec qui vous aligner, quelqu'un qui soit en mesure de confirmer votre don et votre appel, et vous aider à faire la transition. Ensuite, ne soyez pas trop pressé d'annoncer la nouvelle à ceux qui vous entourent que vous êtes un apôtre. Plusieurs personnes continuent de mal comprendre le terme et ce qu'il représente. Marchez doucement avec les gens. Donnez-leur une bouchée à la fois et laissez-leur la chance de digérer entre chaque bouchée. À Le Chemin, il nous a fallu deux ans pour faire la transition d'une église traditionnelle à un centre apostolique. Ne soyez pas anxieux. Laissez le Saint-Esprit travailler.

RÉVEILLEZ LES HÉROS

Je veux terminer ce livre par un appel aux héros qui nous entourent. Je veux parler de ceux-là qui peuvent accomplir de grands exploits dans la bataille, qui se battent comme dix hommes et peuvent en faire fuir cent. Quand ces gens se présentent sur le champ de bataille, l'ennemi tremble et leur cède le passage. Toute une génération de champions s'est levée, et ils sont fatigués de voir le monde dans son état actuel. Ils disent : « Donnez-moi un cheval, une épée et la bannière du roi. » Ce livre est un appel retentissant, un coup de trompette, pour rassembler cette génération.

Mais je connais aussi plusieurs champions de la génération qui les précède et qui ont combattu de nombreuses années sans baisser les bras. Ils se sont tenus fermes dans leur coin du pays et ont reçu plusieurs blessures pour le Seigneur. Aujourd'hui, ils ressentent la fatigue de tous les coups qu'ils ont reçus et des longues nuits passées dans les champs. Mais il y a toujours un feu sacré qui brûle dans leur cœur et qui refuse de s'éteindre.

Écoutez, vaillants guerriers, le Seigneur a toujours besoin de vous. Levez-vous, prenez courage, il vous appelle. Il reste encore un royaume à conquérir.

Église Le Chemin
Un centre apostolique pour le XXIe siècle

480, rue de Vernon
Gatineau (Québec) J9J 3K5
Canada
(819) 778-2681

www.lechemin.ca

Facebook: www.facebook.com/egliselechemin

HODOS

Un centre apostolique pour le XXIe siècle

480, rue de Vernon
Gatineau (Québec) J9J 3K5
Canada
(819) 778-2681

www.hodos.ca

www.ingramcontent.com/pod-product-compliance
Lightning Source LLC
Chambersburg PA
CBHW071426090426
42737CB00011B/1577